Angelika Brück

Heilpädagogische bewegungsorientierte Begleitung mit dem Pferd bei an Depression erkrankten Menschen mit Assistenzbedarf

GRIN Verlag

Bibliografische Information der Deutschen Nationalbibliothek:

Die Deutsche Bibliothek verzeichnet diese Publikation in der Deutschen National-
bibliografie; detaillierte bibliografische Daten sind im Internet über http://dnb.d-
nb.de/ abrufbar.

Impressum:

Copyright © 2010 GRIN Verlag, Open Publishing GmbH
Druck und Bindung: Books on Demand GmbH, Norderstedt Germany
ISBN: 978-3-640-90503-4

Dieses Buch bei GRIN:

http://www.grin.com/de/e-book/170600/heilpaedagogische-bewegungsorientierte-
begleitung-mit-dem-pferd-bei-an

GRIN - Your knowledge has value

Der GRIN Verlag publiziert seit 1998 wissenschaftliche Arbeiten von Studenten, Hochschullehrern und anderen Akademikern als eBook und gedrucktes Buch. Die Verlagswebsite www.grin.com ist die ideale Plattform zur Veröffentlichung von Hausarbeiten, Abschlussarbeiten, wissenschaftlichen Aufsätzen, Dissertationen und Fachbüchern.

Besuchen Sie uns im Internet:

http://www.grin.com/

http://www.facebook.com/grincom

http://www.twitter.com/grin_com

Gotthilf - Vöhringer - Schule gGmbh Wilhelmsdorf Mariaberg
Fachschule für Sozialwesen, Fachrichtung Heilpädagogik
Oberer Torackerweg 3
72501 Gammertingen

Facharbeit zum Thema:

„Heilpädagogische bewegungsorientierte Begleitung mit dem Pferd bei an Depression erkrankten Menschen mit Assistenzbedarf"

Eingereicht von:

Angelika Brück

Abgabedatum: 26.8.2010

Inhaltsverzeichnis

1. Vorwort

Warum die Wahl meines Themas gerade auf das vorliegende gefallen ist, lässt sich im folgenden erklären:

Seit Februar 2010 arbeite ich in der vollstationären „Wohngemeinschaft" Ch. M. Haus in den soz. ther. Gem. WW. e.V, einer anthroposophisch orientierten Einrichtung. Dort habe ich Kontakt zu 8 Männern im Alter von 20 bis 45 Jahren, Menschen mit geistiger Behinderung und teilweise psychischer Erkrankung. Beim Kennenlernen dieser Menschen erinnerte ich mich spontan folgendes in meiner Vergangenheit gelesen zu haben:

"Die Körperhaltung zeigt den Mangel an Spannkraft, das schlaffe Bedürfnis nach möglichster Ruhe und stabilem Gleichgewichte; der Kopf ist gesenkt, der Rücken gebeugt und der ganze Körper nach dem Gesetze der Schwere in sich zusammengesunken. Die Sprache ist gewöhnlich leise und zögernd; die Bewegungen geschehen langsam und ohne Kraft. Bisweilen bildet sich die lähmende Willenlosigkeit zu einer förmlichen „Bettsucht" aus." (Kraepelin, 1896)

"Die Bewegungen werden mühsam, langsam, kraftlos. Die Glieder sind schwer „wie Blei". Bewegungen kosten eben soviel Anstrengung wie das Denken." (Bleuler, 1916)

Beschreibungen von psychomotorischen Besonderheiten. Mir stellte sich die Frage nach dem Zusammenhang dieser Beschreibungen und dem Erscheinungsbild der von mir mit zu betreuenden Menschen.

Auch wenn man mit offenen Augen und Ohren durch eine Stadt geht kann man dort manchmal den Eindruck psychomotorischer Besonderheiten beim Beobachten von Menschen gewinnen. Ebenso decken sich die genannten Beobachtungen mit vielfältigen Erfahrungen, die ich gemacht habe in meiner Arbeit mit zu betreuenden Menschen jeglichen Alters in Heim und Sonderschule.

Zum Erwerb und zur Verbesserung körperlicher Fitness wurden in den letzten Jahren verstärkt Programme und Kurse z.B. bei Krankenkassen oder Volkshochschulen angeboten. Es wurde dabei aber kaum berücksichtigt die Gruppe der Menschen mit Hilfebedarf oder mit Doppeldiagnose geistige Behinderung und psychische Erkrankung.

Wie kann ich diesen Menschen mit psychomotorischen Besonderheiten ein Angebot machen das sie hinführt zu mehr körperlicher Aktivität und damit zur Steigerung ihrer körperlichen Gesundheit?

In Folge meiner Beobachtungen und Erfahrungen habe ich in meiner Arbeit mit dem Pferd den praktischen Schwerpunkt der vorliegenden Arbeit gebildet, denn Tiere spielen in meinem Leben seit meiner Kindheit eine große Rolle.Durch den Einsatz von Tieren in meiner pädagogischen Arbeit konnte ich schon oft eine positiv fördernde Wirkung von Tieren auf den Menschen initiieren.

2. Einleitung

Auch bei mir selbst stellte und stelle ich ab und an Bewegungsprobleme fest. Vor allem die Motivationshürde zu nehmen, in Bewegung zu kommen fällt mir hin und wieder schwer. In bestimmten Situationen kann ich dann mein depressives Temperament regulieren durch Licht, Luft, gesunde Ernährung und vor allem Bewegung in der Natur und mit meinen Tieren. Und diesen Aspekt will ich mir genauer anschauen.

Ebenso hat der Austausch mit jemandem, der mich in professioneller Weise beraten konnte dazu beigetragen, dass ich solche für mich schwierigen Situationen gut meisterte.

Deshalb ist es mir ein Anliegen, theoretische Kenntnisse und eigene Erfahrungen, die sich auf meine persönliche Bewegungskompetenz positiv ausgewirkt haben, an Menschen mit Hilfebedarf/Doppeldiagnose weiterzugeben. Vor allem an solche, die sonst vermutlich nicht die Möglichkeit haben diese Informationen zu erhalten.

Bewegungsprobleme könnten aber meines Erachtens durch das Erlernen und die Integration in den Alltag von Grundkenntnissen über Bewegung und Gesundheit zum Teil vermieden oder zumindest eingeschränkt werden.

In mir wuchs die Frage immer mehr: „Wie kann ich gerade Menschen mit heilpädagogischen Hilfebedarf unterstützen Kräfte aufzubauen, die sie befähigen mit ihren auffälligen Verhaltens- und Erlebensweisen umzugehen".

Über das Lesen von Theunissen: „ Depression und geistige Behinderung " Heilpädagogik online 01/05 stieß ich auf das Krankheitsbild der Depression. Hier schreibt Theunissen: „....Depression bei Menschen mit geistiger Be-hinderung die häufigste psychische Störung".
Des weiteren weißt er darauf hin, dass unter bestimmten Bedingungen z. B. „totale Institution" (Goffmann), übermäßige Beanspruchung und dem Wegfall von sozialen Ressourcen Personen in eine psychische Krise geraten und depressive Störungen entwickeln können.
Gerade Menschen mit geistiger Behinderung zeigen oftmals auffällige Verhaltens- und Erlebensweisen die auf den ersten Blick nicht auf eine Depression schließen lassen, hinter denen sich aber dennoch depressive Inhalte verbergen können. Z.B. aggressive Verhaltensweisen, Vereinnahmungstendenzen, Beschimpfungen und Beschuldigungen.

Ich bin davon überzeugt, dass jeder Mensch das Potenzial Belastungen und Lebenskrisen bewältigen zu können in sich trägt. Sowie die Fähigkeit zu flexibler Anpassung an Lebensveränderungen oder kritische Situationen. Den Glauben an die Sinnhaftigkeit des eigenen Lebens als Herausforderung für persönliches Wachstum wahrzunehmen und damit einen gesunden Lebensoptimismus und Realismus, ein positives Selbstwertgefühl und Selbstkonzept, Vertrauen in die eigenen Fähigkeiten zu gewinnen ist meiner Meinung der Grundstock auch für körperliche Gesundheit.
In der vorliegenden Arbeit greife ich zunächst zwei für das Thema relevante theoretische Ansätze auf: Zum einen die theoretischen Grundlagen zum

Krankheitsbild Depression. Zum anderen die bewegungsbezogenen Grundlagen, die explizit auf die Veränderung bewegungsbezogenen Verhaltens eingehen. Anfangs wird erklärt was sich hinter dem Ausdruck der Depression verbirgt. Danach werden dann die verschiedenen Formen der Depression dargestellt. Des weiteren werden die Merkmale, Symptome sowie Erklärungsansätze der Depression erläutert. Weiterhin werden besonders die zwei großen Säulen zur Behandlung einer Depression erläutert, zum einen die medikamentösen Behandlungsmöglichkeiten, mit einigen Beispielen, die zur Dämpfung depressiver Symptome beitragen. Und zum anderen werden einige Beispiele der Psychotherapie erläutert. Das darauf folgende Kapitel beschäftigt sich mit den bewegungsbezogenen Grundlagen. Vor allem geht es hier um die Wirkung von körperlicher Aktivität auf depressiv erkrankte Menschen. Dann zeige ich die verschiedenen reittherapeutischen Ansätze auf und lege mein Konzept dieses Trainings dar. Danach stelle ich die Menschen vor, mit denen ich mein Bewegungstraining mit dem Pferd durchführe, und beschreibe die Durchführung desselben. Nach einer ausführlichen Reflexion wird die Arbeit mit daraus folgernden visionären Ideen abgerundet.

3. Problembeschreibung

Die Depression, ist eine multifaktorielle ernst zunehmende seelische Erkrankung, die es schon seit dem Altertum gibt. Für nicht betroffene Menschen ist es nur schwer vorstellbar, wie sich ein depressiv erkrankter Mensch fühlt. Natürlich kennt jeder Mensch das Gefühl von Trauer oder Niedergeschlagenheit. Jeder kennt und hat Stimmungsschwankungen oder auch mehrere Stimmungstiefs im Laufe seines Lebens, doch sie beeinflussen einen nur geringfügig. Bei depressiv erkrankten Menschen kann ein Stimmungstief ein andauernder Zustand von Monaten bis Jahren hinweg sein. Dieser Zustand kann im Laufe der Erkrankung soweit führen, dass depressiv erkrankte Menschen sich völlig aus ihrer Umgebung zurück ziehen. Das heißt die Depression betrifft nicht nur den einzelnen erkrankten Menschen, sondern auch Familie, Freunde und Wohngruppe, die dann oft nicht wissen wie sie mit dem erkrankten Menschen umgehen sollen.

Der Ausdruck Depression lässt sich von dem lateinischen Begriff „deprimere" ableiten, was man als niederdrücken übersetzt. Schon im Altertum war die Depression bekannt, damals nannte man diese aber noch Melancholie (Microsoft Encarta, 2007). Die Depression gilt heute als eine der häufigsten Erkrankungen, wahrscheinlich die häufigste Erkrankung überhaupt.

"Sie hat in den letzten Jahrzehnten so zugenommen, dass von ihr als der Krankheit der Epoche gesprochen wird. Wegen ihrer Häufigkeit, nennt man die Depression auch den Schnupfen unter den psychischen Störungen" (Nuber, 1993, S. 10).

Immer mehr Menschen leiden unter einer Depression und die Zahl der Erkrankten steigt beständig. In der heutigen Leistungsgesellschaft gibt es viele verschiedene Auslöser, die zu einer Depression führen können, unter anderem Stress, Frustration, Verlust eines geliebten Menschen, Einsamkeit,......

"...Nach Schätzung der WHO leiden etwa 3 - 5 % der Weltbevölkerung an Depressionen - annähernd 200 Millionen Menschen..." (Huber, 1990, S. 1; nach Kielholz, 1981, 116).

Heutzutage wird das Wort Depression viel zu oft benutzt um Traurigkeit oder Niedergeschlagenheit auszudrücken, das liegt wahrscheinlich daran, dass viele Menschen nicht wissen, was sich genau hinter dem Begriff Depression verbirgt. Die Depression ist jedoch nicht nur eine kurz anhaltende Verstimmung, sondern eine ernst zunehmende Erkrankung.

Grundlegend gibt es bei der Behandlung einer Depression zwei große Säulen, zum einen die medikamentöse Behandlung und zum anderen die Psychotherapie.

Es gibt aber noch weitere Behandlungsformen die man nicht außer acht lassen darf, wie zum Beispiel die Lichttherapie, Elektrokrampftherapie und vor allem die körperliche Aktivierung.

Mir stellt sich in dieser Arbeit die Frage, inwieweit sich körperliche Aktivität auf depressiv Erkrankte auswirkt. Ist körperliche Aktivität eine alternative Behandlung neben der medikamentösen Behandlung?

Ziel dieser Arbeit ist es, aufzuzeigen, dass körperliche Aktivität in der heilpädagogischen Begleitung mit dem Pferd eine geeignete Maßnahme ist, um depressiv erkrankten Menschen zu helfen, ihre Symptome zu lindern.

4. Theorien

Depression:

Definition:
Es ist schwer zu beschreiben, was sich hinter dem Begriff der Depression verbirgt, das hat mehrere Gründe:

Es gibt nicht nur eine Form der Depression, sondern viele verschiedene, die alle andere Ursachen haben können. Symptome, die bei einer Depression auftauchen, können zum Teil bei vielen psychischen und körperlichen Erkrankungen vorkommen. Hinzu kommt, dass Depressionen oftmals mit Trauer oder Niedergeschlagenheit verwechselt werden. Doch hinter einer Depression verbirgt sich eine schwere psychische Erkrankung und nicht nur eine kurz anhaltende Stimmungsschwankung (Stange, 1999, S.12). Die Depression ist eine psychische Erkrankung. Deshalb zählt man sie zu den affektiven Störungen. Menschen mit affektiven Störungen leiden an einer dauerhaften Stimmungslage, bei der es zu Störungen des üblichen Verhaltens und Erlebens kommt. Von dieser bestimmenden Stimmungslage, werden beinahe alle Handlungen diktiert (Comer, 1995, S. 281).

Symptome:
Es gibt fünf Hauptbereiche, in denen sich die Symptome einer Depression äußern. Symptome machen sich bemerkbar im emotionalen Bereich, im motivationalen Bereich, im somatischen Bereich und sowohl im kognitiven Bereich als auch im Verhalten.

Emotionale Symptome:
Hier beschreiben betroffene Personen, dass ihnen Freude und Humor abhanden gekommen sind. Sie fühlen sich leer und ganz unten. Viele äußern ihre Stimmung durch Weinen.

Motivationale Symptome:
Hierzu zählen Symptome wie Antriebsverlust, ein Mangel an Spontanität oder auch der Mangel an Unternehmungslust.

Somatische Symptome:
Häufige Symptome die hier auftreten sind Verstopfung, Kopfschmerzen, unangenehme Empfindungen in der Brust oder auch Benommenheit. Weitere Symptome wie Schlafstörungen, Appetitstörungen und Müdigkeit sind ebenfalls verbreitet.

Kognitive Symptome:
Menschen die an einer Depression erkranken haben ein negatives Selbstbild. Sie fühlen sich nicht begehrenswert, unzulänglich oder auch minderwertig. Für viele negative Ereignisse beschuldigen sich depressiv erkrankte Menschen selbst, wobei sie überhaupt nichts mit ihnen zu tun haben. Sie glauben fest daran, es würde nie besser werden. Viele Erkrankte klagen über eine Verschlechterung ihrer geistigen Fähigkeiten.

Verhaltenssymptome:
Das Aktivitätsniveau depressiv erkrankter Menschen sinkt dramatisch ab. Oft verbringen sie viel Zeit im Bett und sind alleine (Comer, 1995, S. 286 - 289).

Formen der Depression:

Körperlich erklärbare Depressionen:
Die körperlich erklärbaren Depressionen, werden auch als somatogene Depressionen bezeichnet, dabei sind die organischen und die symptomatischen Depressionen zu unterscheiden. Tritt die Depression als Folgeerscheinung von bereits vorhergehenden Erkrankungen auf, spricht man von einer symptomatischen Depression. Erkrankungen wie Aids, Multiple Sklerose, Rheuma, Hepatitis, Herzerkrankungen, Infektionskrankheiten oder auch Morbus Parkinson können eine Depression auslösen.
Auch Medikamente wie Antibiotika, Psychopharmaka oder Medikamente gegen Krebs können zu einer Depression führen.
Von einer organischen Depression spricht man hingegen, wenn diese durch ein Schädelhirntrauma, Hirnhautentzündungen oder Hirntumore ausgelöst wird (Stange, 1999, 58 ff.; Nuber, 1993, S. 28).

Endogene Depressionen:
Die endogene Depression kann in zwei Unterformen unterteilt werden. Einerseits die bipolare Form, bei der manische und depressive Phasen vorkommen, die meist im Wechsel auftreten. Und andererseits die unipolare Form. Bei dieser Form der Depression erlebt der Erkrankte ausschließlich depressive Phasen (Nuber, 1993, S. 29).

Psychogene Depressionen:
Die psychogene Depression tritt meist als Reaktion von einwirkenden Umwelt-
ereignissen auf. Man nennt sie auch die "leichteste" Form der Depression, da die
Symptome weniger massiv sind als bei der endogenen Depression. Anders als
bei der endogenen Depressionsform, bei der das Schwergewicht auf der
Behandlung mit Psychopharmaka liegt, werden bei dieser Art von Depression,
die psychotherapeutischen Maßnahmen bevorzugt (Nuber, 1993, S. 30). Lebens-
geschichtlich negative Vorerfahrung: z.B. belastete Kindheit durch Verluste,
Traumata oder bestimmte Charaktereigenschaften z.B. überhöhter Anspruch an
die eigene Leistungsfähigkeit und Verfügbarkeit, wie z.b. nicht „nein" sagen
können bei gleichzeitig geringem Selbstbewusstsein.
Soziale Belastungen: nach Lebenskrisen, Verlusten, nach Durchschreiten von
Lebensphasen.

Saisonale Depressionen:
Die saisonale Depression ist eine jahreszeitliche Veränderung von Aktivität und
Stimmung. Diese tritt in den Winter- und Herbstmonaten auf (Stange, 1999, S.
68).

Merkmale einer Depression:
Für alle depressiven Zustände gibt es fünf Merkmale die miteinander in Verbindung stehen: Innere Leere, Selbstmitleid, Energieverlust, Aufgeben und
Schwarzmalerei (Gillett, 1988, S. 20). Depressive Menschen versuchen ihr Leid
vor anderen zu verstecken, dennoch zeigen die meisten Symptome, die sich auf
das Erleben und die Gefühlswelt der Erkrankten auswirken. Sie spüren eine
innere Leere, sind bedrückt oder trostlos. Häufig leiden depressive Menschen an
mangelndem Selbstgefühl, Minderwertigkeitsgefühl und negativer Selbst-
einschätzung, das heißt der Gefahr des ständigen Versagens.
Ein weiteres Symptom, ist die Hoffnungslosigkeit. Alles wird negativ bewertet,
Freude ist ihnen fremd oder erscheint ihnen wertlos, der Glaube an das Gute
schwindet. Alle Ziele die man einst hatte sind verschwunden oder werden als
sinnlos erkannt (Stange, 1999, S. 39 ff). Durch Abnehmen des Leistungs-
vermögens wird die Hoffnungslosigkeit immer mehr bestärkt. Umso weniger aktiv
ein Mensch ist, umso schlechter geht es ihm (Gillett, 1988, S. 22). Depressiv
erkrankte Menschen fehlt der Antrieb, die Initiative Dinge zu tun. Dinge die sie
früher gerne gemacht haben, werden nun als lästig oder müh-sam empfunden.
Sie fühlen sich schwach, kraftlos und erschöpft (Stange, 1999, S.39 ff). Sie
verlieren ihr Interesse an gewohnten Aktivitäten. Für manche depressiv erkrankte
Menschen stellt der Suizid den letzten Ausweg und somit die endgültige Flucht
der Belastungen des Lebens dar (Comer, 1995,S. 288). Der Gedanke an den Tod
stellt für Betroffene oft eine Erleichterung dar. Manche fühlen sich so krank, dass
sie meinen der Tod drohe ihnen ohnehin (Gillet, 1988, S. 30).

*"...Schätzungen zufolge nehmen sich zwischen sieben und 15 Prozent der
Menschen, die an einer Depression leiden, das Leben..."* (Comer, 1995, S. 288;
nach Coryell und Winokur, 1992; Tsuang, 1978).

Alles was um einen herum passiert ist schwarz egal ob Vergangenheit, Gegenwart oder Zukunft.

Erklärungsansätze:

Kognitive Modell nach A. Beck:
Der Theoretiker Aaron Beck ist davon überzeugt, dass depressive Störungen dem negativen Denken zugrunde liegen. Er teilt dieses negative Denken in drei Formen auf, die er die kognitive Triade nennt.
"Die Betroffenen interpretieren wiederholt 1) ihre Erfahrungen, 2) sich selbst, 3) ihre Zukunft in negativer Weise, und dies bringt sie dazu, sich als depressiv zu empfinden" (Comer, 1995, S.299).
Das heißt depressiv Erkrankte denken immer von sich selbst "Ich schaffe das nicht, ich mache alles falsch, keiner mag mich." So über sich selbst zu denken haben die Erkrankten gelernt. Sie schließen aus allem was man ihnen sagt falsche Schlussfolgerungen. Ihre selektive Wahrnehmung ist gestört, positive Ereignisse sehen sie nicht, alles was zählt sind negative Erlebnisse (Niklewski, 2003, S. 54 ff).

Modell der gelernten Hilflosigkeit nach Seligman:
Dieses Modell wurde anhand von tierexperimentellen Beobachtungen entwickelt. Hunde wurden durch elektrische Stromstöße immer wieder wiederholtem Stress ausgesetzt. Schnell traten Symptome wie Apathie also Teilnahmslosigkeit, Antriebsverlust und Erschöpfung auf. Anders war es bei jenen Hunden, die durch Kopfbewegungen der Flucht den Stressoren aus dem Weg gehen konnten. Ausschlaggebend ist, dass nur die Hunde die den Stressoren hilflos ausgeliefert waren, die gewissen Symptome zeigten (Huber, 1990, S. 46).
Erhält man durch sein Verhalten, nicht das gewünschte Ergebnis, so reagiert man mit der Zeit hilflos. Wenn man nun vor ein Problem gestellt wird, welches objektiv lösbar ist, kann es dazu führen, dass man keine weiteren Versuche mehr unternimmt, dieses zu lösen. Die Erfahrung, keine Kontrolle mehr ausüben zu können, führt zu vegetativen, emotionalen, kognitiven und auch motivationalen Veränderungen. Diese Veränderungen, sind den Merkmalen der Depression sehr ähnlich (www.neuro24.de).

Das Verstärkerverlustmodell nach Lewinsohn:
Jeder Mensch führt seine Sachen so aus, dass es für ihn erfolgreich ist und durch diesen Erfolg sein Verhaltensmuster wiederholt. Depressiv erkrankte Menschen sind nicht in der Lage, ihr Verhalten so zu steuern, dass positive Verstärkungen entstehen können. Negative Erfahrungen hingegen werden immer mehr, da nur noch diese wahrgenommen werden (Niklewski, 2003, S. 53).

Theunissen:
Er weist darauf hin dass der Kern einer depressiven Grundreaktion bei geistig behinderten Menschen auf ein labiles Selbst, agressive Selbstzerstörung und mangelndes Selbtwertgefühl zurückzuführen ist. Reinzenierung früher Beziehungskonflikte als Selbstschutzmassnahme vor neuen Verlusterlebnissen nach einem geheimen Drehbuch, so dass die Umwelt den Betreuten nicht verändert und sein Selbsterleben stabil bleibt. In seinem Resilienzmodell weist er trotz anlagebedingter erworbener Vulnerabilität hin auf die Wichtigkeit frühkindlicher Sozialisation durch Verlässlichkeit von Bezugspersonen, emotionale Sicherheit, einfühlsames und flexibles Verhalten, gezieltes Anstiften und Unterstützen von Coping-Strategien und Empowerment durch Förderung von erfolgreichen Interaktionen. „Biologische Narben" erhöhen das Risiko in Belastungssituationen in schwere Krisen zu geraten.

9

Biochemische Faktoren:

Neurotransmitter bezeichnen chemische Substanzen im Gehirn, welche für die Übertragung von Botschaften von einer Nervenzelle zur anderen zuständig sind. Kommt ein elektrischer Impuls bei einer Nervenzelle an, durchläuft er das Axon der Nervenzelle bis zu deren Endigung. An solchen Endigungen wird ein Neurotransmitter ausgeschüttet, welches einen synaptischen Spalt überquert. Der Neurotransmitter bindet sich an den Rezeptor des Empfängerneurons und gibt den elektrischen Impuls weiter (Comer 1995, S. 307).

Bei depressiv erkrankten Menschen ist der Neurotransmitterhaushalt, besser gesagt das Gleichgewicht zwischen Noradrenalin und Serotonin gestört, das heißt es liegt ein Mangel an Noradrenalin und Serotonin vor. Noradrenalin ist ein Hormon, welches für die Übertragung von Informationen im Nervensystem zuständig ist. Serotonin ist ein Botenstoff, welcher für viele Körperfunktionen zuständig ist. Hierzu zählen unter anderem der Schlaf oder die Körpertemperatur (www.onmeda.de).

Eine weitere wichtige Rolle bei depressiv erkrankten Menschen spielt das Hormon Melatonin, welches auch das Schlafhormon genannt wird. Dieses Hormon wird im Gehirn durch die Epiphyse ausgeschieden. Das geschieht aber nur in dunkler Umgebung. Da im Winter die Nächte länger werden, glauben Theoretiker, dass die Menschen wegen erhöhter Melatoninausschüttung mehr Ruhe brauchen und weniger Energie haben. Sie glauben, dass es manchen Menschen nicht möglich ist wie gewohnt weiter zu machen, da sie so sensibel auf die winterliche Melatoninausschüttung reagieren. Das kann zu einer saisonalen Depression führen (Comer, 1995, S. 312).

Erblichkeit von Depressionen:

Familien von depressiv erkrankten Menschen, wurden danach untersucht, ob bei diesen ebenfalls eine Erkrankung an einer Depression vorkommt. Ist dies häufiger der Fall, als in der Durchschnittsbevölkerung, kann man von einer familiären Veranlagung sprechen (Tölle, 2000, S. 36).

Leiden beide Eltern an einer Depression, verdoppelt sich das Risiko, dass die Kinder daran erkranken.

„...Die Entschlüsselung der für Depressionen ursächlichen Gene steht erst am Anfang. Bekannt ist inzwischen, dass Mutationen des Gens P2RX7 die Anfälligkeit für Depressionen bei Menschen und im Tierversuch steigern können..." (www.neuro24.de).

Klassifikation:

Durch die Vielfalt depressiver Symptome, ist es schwierig diese zu klassifizieren. Man klassifiziert diese heute in einem so genannten ICD - Schlüssel. ICD ist die Kurzform von International Catalogue of Diseases (Huber, 1990, S. 21, 25). Momentan ist man bei der zehnten Überarbeitung der ICD angekommen. Nach diesem Einteilungssystem werden Depressionen nach Verlauf, Schweregrad und im Zusammenhang zu inneren und äußeren Auslöser eingeteilt. Dabei spielen vermutete Ursachen keine Rolle. Depressionen findet man unter Kapitel V der ICD 10. Kaum ein anderes Krankheitsbild, hat eine solche Vielzahl an verschiedenen Bezeichnungen. Die Klassifizierung nach dem Schweregrad, erfolgt nach der Anzahl, der Einzelsymptome. Ebenfalls spielt es eine wichtige Rolle, in wie weit der depressiv erkrankte Mensch noch in der Lage ist, am Alltagsleben teilzunehmen. Ein weiterer wichtiger Punkt spielt bei der Einteilung der bisherige und wahrscheinlich weitere Verlauf der Erkrankung. Man muss hier unterscheiden, zwischen einmalig auftretenden Episoden und wiederkehrenden depressiven Zuständen (Niklewski, 2003, S. 67).

Diagnostik:
Mit Hilfe standardisierter Messinstrumente kann die Diagnostik einer Depression erfolgen. Hierbei können Fragebögen zum Einsatz kommen. Man kann hier Selbstbeurteilungsbögen oder auch Fremdbeurteilungsbögen verwenden. Das Beck – Depressionsinventar, auch BDI genannt, ist eine Form eines Selbstbeurteilungsbogens.(Lehofer, Stuppäck, 2005, S. 7).
Für Menschen mit Assistenzbedarf schwierig. Psychische, soziale und biologische Aspekte sind zu beachten. Es bedarf eines multimodalen Konzeptes. Theunissen verweist hier auf eine verstehende Diagnostik durch Erstellung der Lebensgeschichte und Anamnese, eine stärkenorientierte Reise in die lebensgeschichtliche Vergangenheit durch Suchen nach positiven Botschaften, Kompetenzen, Entwicklungspotentialen, individuellen Resourcen, Interessen, Bedürfnissen und Wünschen.

Medikamentöse Behandlung:
Die wichtigste medikamentöse Behandlung, die zur Linderung depressiver Symptome beitragen sind die Antidepressiva, welche auch unseren Betreuten verordnet sind.

MAO – Hemmer:
Man entdeckte in den 50er Jahren die MAO - Hemmer, die zur Dämpfung depressiver Symptome beitragen. Das Enzym MAO zerstört die Wirksamkeit von Noradrenalin oder Serotonin als Neurotransmitter, indem es chemisch mit Noradrenalin- oder Serotoninmolekülen reagiert und dadurch deren Stickstoff oder Aminobestandteil oxidiert. MAO- Hemmer blockieren das Enzym und wirken der Vernichtung der Neurotransmitter Noradrenalin und Serotonin entgegen. Die Serotonin- und Noradrenalinaktivität steigt und dadurch lassen die depressiven Symptome nach (Comer, 1995, S. 344).

Trizyklische Antidepressiva:
Ein Medikament das man zu den trizyklischen Antidepressiva zählt ist das Imipramin, welches in den 50er Jahren durch Zufall entdeckt wurde. Anfangs war man auf der Suche nach einem Medikament, das die Symptome der Schizophrenie dämpfen sollte. Der Schweizer Psychiater Roland Kuhn hielt Imipramin für ein solches, dieses erwies sich aber als nicht geeignet. Ärzte entdeckten aber bald darauf, dass Imipramin ein geeignetes Medikament für die Reduzierung von depressiven Symptomen geeignet ist. Man bezeichnet all die Medikamente als trizyklische Medikamente, die in ihrer Molekularstruktur drei Ringe aufweisen. Weitere bekannte trizyklische Antidepressiva sind unter anderem Amitriptylin, Doxepin und Nortriptylin. Trizyklische Antidepressiva beeinflussen die Wiederaufnahmemechanismen der Neurotransmitter. Das heißt es wird verhindert, dass die Nervenendigungen zuviel Serotonin und Noradrenalin binden (Comer, 1995, S. 344, 345). Trizyklische Antidepressiva bewirken einen erschwerten Rücktransport des Noradrenalin in die präsynaptische Speicherzellen, dadurch steigt die Konzentration von Noradrenalin im synaptischen Spalt (Huber, 1990, S. 37).

SSRI - Serotonin - Wiederaufnahme – Hemmer:
Serotonin - Wiederaufnahme - Hemmer verhindern die Wiederaufnahme von Serotonin in die Nervenzelle und machen es somit inaktiv. Der Serotoninmangel, der bei einer Depression auftritt, wird also ausgeglichen. Wirkstoffe die zu den SSRI zählen sind Sertralin, Fluoxetin, Citalopram, Fluvoxamin und Paroxetin (www.medizinfo.de)

11

Nebenwirkungen der medikamentösen Behandlung:
Sympathikus und Parasympathikus werden durch Antidepressiva in ihrer Funkt-
ionsweise gestört. Deshalb können die Nebenwirkungen widersprüchig sein.
Dabei spielt die Dosierung eine wichtige Rolle, weil das Ausmaß der Neben-
wirkungen davon abhängt. Folgende Symptome können als Nebenwirkung auf-
treten: Durchfall oder Verstopfung, Blutdrucksenkung oder Blutdrucksteigerung,
Müdigkeit oder Schlaflosigkeit, Hitzewallung oder Frösteln, Speichelfluss oder
Mundtrockenheit, Hautrötung oder Blässe und auch Untertemperatur oder Fieber
(Huber,1990, S. 61, 62; nach Pöldinger, 1983, Benkert/Hippius, 1974,1986;
Knorring et al.,1986).

Psychotherapie:

Transaktionalyse:
Hier werden depressive Symtome als Ausdruck eines Kind-Ich-Zustandes der
unter dem Einfluss eines kritisch herabsetzenden und verurteilenden Eltern-Ich-
Zustandes steht gesehen. "Ich bin nicht o.k. - Du bist o.k." (vergleiche Berne
1961, S.54f) Bei Klienten ohne Eltern muss der Therapeut eine Art Zufluchtsort
darstellen, einfach für den Klienten da sein, mit ihm Spiele spielen um seine
Ängste zu verbergen, in einer Elternrolle ermutigen und vergeben, „Bußen"
auferlegen und „Bonbons" verteilen damit der Klient überhaupt menschliche
Beziehungsmöglichkeiten erfahren kann. Dies ist die Methode um an ein
einsames Kind-Ich heranzukommen (vergleiche Schlegel, die transaktionale
Analyse, S. 239).

Verhaltenstherapie:
Der Begründer der Verhaltenstherapie für depressive Störungen ist Peter
Lewinsohn. Bei der Verhaltenstherapie versucht man, auf positive Erfahrungen
beziehungsweise auf positive Ereignisse zurückzugreifen, die der depressiv
Erkrankte einst hatte oder die er als angenehm empfand. Außerdem versucht
man nicht depressives Verhalten zu verstärken. Das heißt man ignoriert
depressives Verhalten und belohnt angepasstes Verhalten. Der Therapeut hilft
dem Patienten seine interpersonalen Fertigkeiten zu verbessern (Comer, 1995,
S. 329, 330).

Kognitive Therapie:
Wie schon beschrieben, ist nach Ansicht von Aaron Beck die depressive Störung
eine Kette kognitiver Fehler. Das heißt nach Aaron Beck, treten bei depressiv
erkrankten Menschen verzerrte Sichtweisen auf, die mit logischen Denkfehlern
verbunden sind. In der kognitiven Therapie geht es nun darum, dysfunktionale
Denkprozesse zu erkennen und diese dann zu verändern. Meist erfordert die
Therapie 12 - 16 Stunden, in der zunächst all die Symptome des Patienten
diagnostiziert werden. Dann erfolgen die vier eigentlichen Therapiephasen.
Folgende Therapiephasen werden aufeinander aufgebaut.
Phase 1
Aktivitäten erweitern und Stimmung heben:
Therapeuten gehen davon aus, dass mehr Aktivität für depressiv erkrankte
Menschen sinnvoll ist, daher beginnt man in der kognitiven Therapie mit der
Aufforderung zu mehr Aktivität. Gemeinsam mit dem Therapeuten werden
Aktivitäten festgelegt, wobei diese anfangs einfache Dinge sein sollten, wie einen
Spaziergang machen. Nach und nach werden die Aufgaben schwerer, jedoch
sollten sie für den Patienten zu bewältigen sein (Comer, 1995, S. 333).

"Nachdem ein Patient durch die Therapie erfahren hat , dass er Dinge bewältigen kann, wird er wieder Mut schöpfen und sich an schwierigere Aufgaben und Problemstellungen heranwagen" (Huber, 1990,S. 66; nach Hautzinger,1983, 191).

Phase 2
Automatische Gedanken untersuchen und widerlegen:
Sind Patienten wieder einigermaßen aktiv weist der Therapeut den Patienten auf seine falschen automatischen negativen Gedanken hin. Der Patient soll nun, diese negativen automatischen Gedanken erkennen und diese merken. In der nächsten Therapiesitzung werden diese Gedanken dann gemeinsam mit dem Therapeuten kritisch betrachtet, das heißt sie prüfen gemeinsam die objektive Realität hinter den Gedanken.

Phase 3
Verzerrtes Denken und negative Verzerrungen identifizieren:
Ist der Patient an dem Punkt angelangt, seine negativen Gedanken zu erkennen, informiert der Therapeut seinen Patienten darüber, dass diese Gedanken auf fehlerhaften Denkprozessen basieren können. Der Therapeut führt seinen Patienten zu der Einsicht, dass Interpretationen von Ereignissen vollkommen verzerrt sind. Reattributionstechniken, sollen Patienten, die die Schuld immer sich selbst geben hierbei helfen mögliche Problemursachen anderswo zu suchen.

Phase 4
Grundannahmen verändern:
Mit Hilfe des Therapeuten, sollen die Klienten nun ihre depressogenen Grundannahmen ändern. Durch die vorhergehenden Phasen erkennen viele Patienten, dass ihre Einstellung fehlangepasst sind. Wiederholtes Infragestellen der grundlegenden Einstellungen, sollen den Patienten helfen weniger selbstschädigende Denkweisen zu entwickeln (Comer, 1995, S. 333 – 337).

Drei-Skript Modelle nach Steiner:
Nach dem Keine-Liebe Skript von Steiner wurde der Betreffende als Kleinkind mit Liebesentzug bestraft oder mit Liebesbezeugungen für Leistungen belohnt. Aus diesem Grund fürchtet sich der Betroffene vor Nähe und Vertrauen, hat Schwierigkeiten positive Zuwendungen zu akzeptieren, erlebt sich oft als Opfer und lädt andere mit seinem Verhalten dazu ein ihn abzuweisen (vergleiche: Schlegel, Die transaktionale Analyse, S. 222)

Lichttherapie:
Wenn eine saisonale Depression vorliegt, erhalten die Betroffenen während der Wintermonate Bestrahlungen mit künstlichem Licht. Durch diese Bestrahlung, kann die Depression gelindert werden oder gar ganz verschwinden (Comer, 1995, S. 313). Ein Seminar: „Grundlagen und Anwendungsgebiete der Lichttherapie" an den Paracelsus Heilpraktikerschulen habe ich besucht.

Elektrokrampftherapie:
Am Kopf des Patienten werden zwei Elektroden befestigt. Elektrischer Strom von 65 bis 140 Volt fließt nun eine halbe Sekunde oder kürzer durch das Gehirn. Durch diesen Stromstoß, wird ein generalisierter Krampfanfall im Gehirn ausgelöst. Durch Studien wurde festgestellt, dass durch die Elektrokrampftherapie die Neurotransmitteraktivität im Gehirn erhöht wird (Comer, 1995, S. 338, 341).

Bewegungsbezogene Grundlagen:

Definition Sporttherapie:
„...*Sporttherapie ist eine bewegungstherapeutische Maßnahme, die mit ge-eigneten Mitteln des Sports gestörte körperliche, psychische und soziale Funktion kompensiert, regeneriert, Sekundärschäden vorbeugt und gesund-heitlich orientiertes Verhalten fördert. Sie beruht auf biologischen Gesetz-mäßigkeiten und bezieht besonders pädagogische, psychologische und sozio-therapeutische Verfahren ein und versucht eine überdauernde Gesundheits-kompetenz zu erzielen...*" (Huber, 1990, S.78; nach Deutscher Sporttherapeuten-bund – Informationen, 1986).

Psychophysiologische Ansätze:
Eine bedeutende Frage die sich stellt ist, inwiefern psychophysiologische Ver-änderungen durch sportliche Betätigung entstehen können. Zwei Substanzen spielen hierbei eine wichtige Rolle, somit werden diese besonders betrachtet. Dies sind die Neurotransmitter Serotonin und Dopamin und die Endorphine.
Neurotransmitter Serotonin und Dopamin:
Hier die wichtigsten Funktionen von Dopamin und Serotonin. Dopamin be-einflusst Gefühle sowie die Wahrnehmung. Ebenfalls führt eine erhöhte Aus-schüttung von Dopamin zu verstärktem Empfinden von Freude und Glück. Serotonin beeinflusst die Stimmungslage, die Nahrungsaufnahme sowie den Schlaf - Wach Rhythmus, die Schmerzwahrnehmung, Angst, Gedächtnis, motorische Aktivität, Aggression und auch die Stressverarbeitung. Man kann also sagen, Serotonin ist an allen zentralnervös gesteuerten Funktionen beteiligt. Die Bildung neuronaler Netzwerke wird ebenfalls durch Serotonin beeinflusst. Ist der Reifeprozess aufgrund nachteiliger frühkindlicher Entwicklungsbedingungen oder genetischer Bedingungen gestört, vermutet man die Prädisposition für melan-cholisches, impulsives, aggressives und antisoziales Verhalten. Das kann zu neurologisch- psychiatrischen Erkrankungen führen. Über neurobiologische Prozesse nimmt körperliche Aktivität Einfluss auf das serotonerge System. Vor allem Ausdauerbelastungen werden hier mit ihrem Einfluss auf das Serotoninsystem in Bezug gebracht. Das an Plasmaeiweiß gebundene Tryptophan , welches ein Aminosäurevorläufer des Serotonins ist, geht bei Ausdauerbelastungen, in eine freie Form über, was mit dem Anstieg freier Fettsäuren zusammenhängt (Kubesch, 2004, S. 137, 13)
Endorphine:
In den siebziger Jahren, entdeckte man Substanzen im menschlichen Körper, die eine opiatähnliche Wirkung haben (Huber, 1990, S. 114, nach Sachs, 1984b, 281). Vor allem nach Ausdauerbelastungen zeigten diese körpereigenen Opiate eine erhöhte Konzentration auf (Huber, 1990, S. 114, nach Krüger/ Wildmann, 1984;1986). Endorphine stellen chemisch gesehen andere Substanzen dar als das Morphin, durch ihre ähnliche Raumstruktur zeigen diese aber dieselbe Wirkung. Die Existenz der Endorphine wurden durch mehrere Untersuchungen nachgewiesen (Huber, 1990, S. 114, 115; nach Hughes et al.,1975; Bolles/ Fanselow, 1982). Durch die strukturelle Ähnlichkeit zum Morphium, liegt eine schmerzmodulierende Wirkungsweise nahe. Durch viele Untersuchungen konnte dies erhärtet werden (Huber, 1990, S. 115, nach Schrode, 1986, 51). Im Großhirn und auch im Rückenmark wurden Endorphine ausgeschüttet, welche die Schmerzsignale modulieren. Für einen euphorischen Stimmungsanstieg werden Endorphine ebenfalls verantwortlich gemacht. Durch den festgestellten Anstieg des Endorphinspiegels bei Langstreckenläufern wurde dieser mit dem so

genannten "runners high" in Verbindung gebracht (Huber, 1990, S. 115 nach Krüger/ Wildemann, 1985, 1986a, 1986b).

" ...Gesicherte Aussagen über die Rolle der Endorphine als Wirkmechanismus im Rahmen der Sporttherapie bei Depressiven, erfordert zum einen die Verbesserung der Messmöglichkeiten (vor allem Einblick in cerebrale Stoffwechselvorgänge), zum anderen eine darauf aufbauende Grundlagenforschung, die die möglichen Wirkungsweisen der Endorphine abklärt..." (Huber, 1990, S. 116, 117).

Hippokampale Neurogenese:
Die Neurogenese, das heißt die Neubildung von Nervenzellen konnte in mindestens zwei Hirnregionen nachgewiesen werden. Zum einen im Riechsystem und zum anderen im Hippokampus. Beteiligt ist der Hippokampus an Lern- und Gedächtnissprozessen. Dieser leitet Informationen über Projektionsneurone zum Kortex weiter, diese Informationen werden dann dort abgespeichert. Unter bestimmten Bedingungen, fördert körperliche Aktivität die hippokampale Neurogenese. Dies geschieht indem sich neurale Stammzellen asymmetrisch teilen und sich dann zu Vorläuferzellen weiterentwickeln. Sind die Vorläuferzellen durch wandern an ihrem Zielort angelangt, werden sie dort zu Neuronen. Durch körperliche Aktivität verbessert sich die Lernleistung und die hippokampale Neurogenese wird erhöht. Hierbei ist noch zu erwähnen, dass nur freiwillige und intensive Belastung die Neubildung von Nervenzellen im Hippokampus fördern (Kubesch, 2004, S. 136,137).

Inhalte der Bewegungstherapie:

Um von Bewegungstherapie sprechen zu können und nicht von Sport, ist die Auswahl geeigneter inhaltlicher, methodischer Angebote notwendig. Inhalte die sich in der Praxis bewährt haben sind spezifischen Angebote, kleine Spiele, Freizeitsportarten, sowie Gymnastik. Unter spezifischen Angeboten, versteht man die Zusammensetzung von bekannten und auch unbekannten sportlichen Inhalten. Entscheidend sind hier die Bedürfnisse eines einzelnen und ebenfalls die Zusammenstellung der Gruppen ist von Bedeutung. Bei der Bewegung steht das Ziel einer verbesserten Körperwahrnehmung im Vordergrund (Huber, 1990, S. 109, 110)

Ziele der Bewegungstherapie:

Ein wichtiger Zusammenhang mit lerntheoretischen Konzepten stellt die Förderung der Aktivität dar. Gemeint ist damit aber nicht, die reine Erhöhung der Aktivität, sondern die im Zusammenhang stehende Steigerung an Verstärkern nach dem Ansatz von Lewinsohn. Auf positive Ereignisse im Leben des heilpädagogisch bedürftigen Menschen zurückgreifen und angepasstes Verhalten resourcenorientiert belohnen. Somit können depressionstypische Kognitionen modifiziert und identifiziert werden. Nun greife ich die Vorgaben der Verhaltenstherapie auf, um so die Möglichkeit einer Aktivitätssteigerung durch Bewegungstherapie zu veranschaulichen. Als erstes ist hier der Aktivitätsaufbau zu nennen. Hier sollte darauf geachtet werden, dass das bewegungstherapeutische Programm für den heilpädagogisch bedürftigen Menschen zu bewältigen ist. Daher ist es sinnvoll dieses gemeinsam mit diesem abzusprechen. Zwischen den Handlungen und der Stimmung besteht eine enge Beziehung, darauf sollte der Klienten aufmerksam gemacht werden, was in der

Bewegung mit dem Pferd für den Betreuten transparent wird und daher angesprochen werden kann. Z.B. indem ich erkläre dass das Pferd bewegt werden muss jeden Tag ansonsten wird es unruhig und wild in der Box, was die Betreuten auch schon erlebt haben und dann verweise ich diesbezüglich auch auf die eigene Bewegung.

Ein weiterer Punkt ist die Erfolgs- und Vergnügungstechnik. Oft führen depressive Menschen unangenehme Aktivitäten durch. In der Bewegungstherapie sollte darauf geachtet werden, dem heilpädagogisch bedürftigen Menschen erfolgversprechende Aktivitäten zu ermöglichen. Nun zur letzten Vorgabe der Verhaltenstherapie, hierbei handelt es sich um gestufte Aufgaben. Hierbei ist das schrittweise Vorgehen innerhalb der Bewegungstherapie im Zusammenhang mit der Förderung von Aktivität zu sehen. Die individuelle Aktivitätsrate kann nach und nach erhöht werden, dies soll der Klient hier erfahren (Huber, 1990, S. 145 - 148).

Kognitive Modell innerhalb der Bewegungstherapie:
Im Mittelpunkt des kognitiven Ansatzes steht die Modifizierung der Einstellungen, die das Verhalten des depressiv erkrankten Menschen in bestimmten Situationen regelt. Es geht hier vor allem um Veränderungen derer Einstellungen, die sich darin zeigen *"welche Folgerungen ein Patient aus einem Erlebnis zieht, inwieweit er dabei Realitätsbedingungen berücksichtigt und ob nicht oder inwieweit andere Konsequenzen denkbar und wahrscheinlich sind"* (Huber, 1990, 158; nach Hautzinger, 1983,198). Diese angesprochenen Erlebnisse sollten also in der Bewegungstherapie konkretisiert werden um Situationen zu schaffen, in denen der Betreute seine Einstellungen zu relativieren vermag (Huber, 1990, S. 158). Innerhalb der Bewegungstherapie kommt es zu Verstärkerbedingungen, die Verhaltensveränderungen hervorrufen (Huber, 1990, S. 160; nach Skinner, 1974). Maßnahmen zur Verbesserung der sozialen Kompetenz und der Aktivitätsförderung stellen bereits neue verhaltenskontingente Verstärkerquellen dar. Depressive Menschen finden nur schwer Zugang zu körperlicher Aktivität, ebenfalls stellt körperliches Training nicht immer eine potentielle Verstärkerwirksamkeit dar. Daher sind bestimmte Strategien auszuwählen, um diese Verstärkerwirksamkeit zu entfalten (Huber, 1990, S. 160). Folgende verhaltenstherapeutische Techniken kommen in der Bewegungstherapie zum Einsatz (Huber, 1990, S. 160; nach Straub / Kopittke, 1983).

Modeling:
Der Bewegungstherapeut sowie Mitklient eignen sich für das Lernen am Modell in bestimmten Situationen, für gewisse Verhaltensweisen.

Prompting:
Unter Prompting versteht man die gezielte Einsetzung von Lernhilfen, um die Annäherung an das Zielverhalten zu erleichtern.

Feedback:
Unmittelbar nach dem erwünschten Verhalten, soll die Verstärkung durch den Bewegungstherapeuten und auch den Klienten erfolgen. Durch das Verstärken einander, lernen Klienten einfacher sich selbst zu verstärken (Huber, 1990, S.161).

Modell der gelernten Hilflosigkeit innerhalb der Bewegungstherapie:
Hier geht es vor allem darum, die wenig vorhandene Kontrolle eines Menschen wieder zu erlangen, das soll heißen, der depressiv erkrankte Mensch soll durch seine Aktionen positive Umweltreaktionen bewirken (Huber, 1990, S. 156).

Körpertherapien:

Konzentrative Bewegungstherapie:
Prinzip der konzentrativen Bewegungstherapie ist, sich konzentrativ auf den eigenen Körper zu konzentrieren. Dies geschieht auf der Grundlage von Körperwahrnehmungen (Huber, 1990, S. 84). Das Verhältnis zum eigenen Körper sowie zur Außenwelt wandelt sich durch konzentrative Entspannungsübungen. Diese Wandlungen zeigen sich vor allem in einer erhöhten Wahrnehmung des ruhenden als auch bewegten Körpers, sowie das Erleben des Raumes und auch in einer erhöhten Konzentration von Sinneseindrücken (Huber, 1990, S. 84;nach Meyer, 1974, 171).

Integrative Bewegungstherapie:
Die integrative Bewegungstherapie ist eine Methode, die einen vielschichtigen therapeutischen Ansatz vertritt. Hierbei versucht man den Menschen in seinen sozialen Bezügen, in seiner Körperlichkeit, in seinen geistigen Strebungen seiner Emotionalität sowie in seiner Körperlichkeit zu erreichen (Huber,1990, S.86; nach Petzold/ Berger, 1977, 452).

Körperzentrierte Psychotherapie:
...*"Die körperzentrierte Psychotherapie versucht alle Ebenen des Menschseins (die organisch–biologisch, geistig–psychologische, sozia – interaktionelle und wesensmäßige) in den diagnostischen und therapeutischen Prozess einzubeziehen. Der, wie der Patient/ Klient ganzheitlich geforderte... Therapeut weist dem Patienten den Weg, die verschiedenen Niveaus nicht nur erfahrbar und erkennbar zu machen, sondern auch zur Einheit und gegenseitigen Ressourceleistung zu verknüpfen"* (Huber, 1990, S. 88; nach Maurer, 1985, 213, 214).

Wirkung von körperlicher Aktivität

Durch körperliche Aktivität kommt es zu einer erhöhten Ausschüttung der körpereigenen Glückshormone Serotonin kombiniert mit der Ausschüttung von Noradrenalin und Endorphinen. Alle Menschen kennen den wohlbekommenden Einfluss körperlicher Aktivität. Man ist stolz auf die erbrachte Leistung und das Gefühl einer entspannten Müdigkeit im Körper macht sich breit. Gerade weil es bei körperlicher Aktivität zur Ausschüttung von Endorphinen kommt, würde man diese gerne zur Behandlung depressiv erkrankter Menschen nutzen. Daher empfehlen viele Ärzte ihren Patienten körperliche Aktivität, da sie die positiven Auswirkungen auf psychische Funktionen kennen. Meist ist es aber sehr schwer für depressiv erkrankte Menschen, körperliche Aktivität zu entwickeln. Sie schaffen es nicht alleine die Antriebslosigkeit zu überwinden, deswegen benötigen depressiv erkrankte Menschen Hilfe. (Niklewski, 2003, S. 140 ff.). Sportliche Aktivität ist auf der einen Seite ein optimales Feld, Erfahrungen über sich selbst zu sammeln und auf der anderen Seite, Erfahrungen über die gegenständliche Umwelt zu sammeln. Damit sind Dinge gemeint, wie das zurechtfinden innerhalb eines begrenzten Raumes, dies kann zum Beispiel durch ein Spielfeld geschehen oder einen Reitplatz. Ebenfalls kann man vielen verschiedenen Materialien begegnen, auch der Natur. Für depressiv erkrankte Menschen kann dies wieder ein Weg dafür sein, seine Fähigkeiten und Kompetenzen neu zu finden. Das geschieht dadurch, dass der depressiv erkrankte Mensch erfährt, wie er durch seine eigenen Fähigkeiten bestimmt wie weit zum Beispiel ein Reifen rollt, ein Pferd geht, ein Plan in die Tat kommt,... (Huber, 1990, S. 143).

Aktueller Forschungsstand zum Krankheitsbild

Im Laufe der Jahre kann man einen Zuwachs der depressiv erkrankten Menschen feststellen und liest darüber auch viel in Zeitschriften. Man weiß, dass die Depression abgesehen von der veränderten Stimmungslage durch viele verschiedene Symptome gezeichnet ist. Aufgrund verschiedener Studien, wurde nachgewiesen, dass körperliche Aktivität sich positiv auf die Stimmungslage der Probanden auswirkt. Eine der wichtigsten Studien zu Depression und körperliche Aktivität führte der Psychologe James Blumenthal mit einem US - Team an der Duke Universität in Durham, North Carolina durch, eine Studie zum Thema Depression und körperlicher Aktivität. 156 Patienten, die alle über 42 Jahre alt waren nahmen an dieser Studie teil. Über eine Zeitungsanzeige wurden Teilnehmer für die Studie gesucht. Vorrausetzung war das Leiden an einer Depression. Es wurden drei Gruppen zufallsbedingt gebildet. Eine Gruppe nahm ein Medikament Namens Zoloft ein. Die zweite Gruppe traf sich dreimal die Woche, um körperlich aktiv zu sein, darunter zählten schnelles gehen, Jogging oder Zimmer Radfahren. Dazu kamen 10 Minuten Aufwärmtraining und 5 Minuten Muskelentspannung zum Abschluss. Die dritte und letzte Gruppe nahmen das Medikament ein und waren gleichzeitig körperlich aktiv. Nach vier Monaten, dann das erste Ergebnis. Alle drei Gruppen zeigten eine deutliche Verbesserung ihrer Stimmungslage, auch jene die nur körperlich aktiv waren. Das heißt, körperliche Aktivität, zeigte die gleiche Wirkung, wie die Medikamententherapie. 133 Teilnehmer machten weitere sechs Monate weiter, mit dem Ergebnis, das nur 8 % der Sporttreibenden wieder in einen depressiven Zustand zurück gefallen waren. Dagegen wurden 38 % der Gruppe, die das Medikament einnahmen wieder depressiv (www.psychohelp.de).
Das Berliner Institut zur Förderung seelischer Gesundheit durch Bewegung, Spiel und Sport, führte eine weitere Studie unter Anleitung der Psychologin Marieta Erkelens und ihrem Kollegen dem Sporttherapeuten Wolf Bahr durch. Diese Studie wurde eigens auf die Bedürfnisse depressiv erkrankter Personen zugeschnitten. 60 Personen, die an einer Depression erkrankt waren nahmen an dieser Studie teil. Im Vordergrund dieses Bewegungsprogramms stand ein Lauftraining im Wald. Hier ging es darum die eigene körperliche Fitness zu steigern. Zu Beginn wurde immer nur eine halbe Minute bis eine Minute am Stück gelaufen. Dann wurden Pausen gemacht. Die Teilnehmer sind zum Schluss eines Kurses dann in der Lage, eine halbe Stunde oder länger am Stück zu joggen. Das gemeinsam erlebte Naturerlebnis sowie die Wahrnehmung des eigenen Körpers waren hierbei das Ziel. Weiter wurden hier Entspannungsübungen sowie Bewegungsspiele und Gespräche mit eingebracht. Das Berliner Institut, bietet nach Ende dieses Programms, jedem Teilnehmer die Möglichkeit in einem Selbsthilfeverein weiterhin körperlich aktiv zu sein. Nach Bahr solle dies ver-hindern, dass die Teilnehmer nach Ende des Programmes, wieder in die Depression zurück fallen (www.berlinonline.de).

5. Hypothesen

Zu Beginn dieser Arbeit stellte sich die Frage, ob körperliche Aktivität eine geeignete Therapie zur Linderung depressiver Symptome darstellt. Meine Recherche zum Thema körperlicher Aktivität und Depression zeigt, dass zahlreiche Studien zu diesem Thema vorhanden sind. Vergleicht man nun die in dieser Arbeit aufgeführten Studien, kommt man nahezu auf das gleiche Ergebnis. Alle Studien zeigten in ihrem Ergebnis eine Verbesserung der depressiven Symptome durch körperliche Aktivität. Es ist somit bekannt dass durch körperliche Aktivität die Stimmung eines depressiv erkrankten Menschen steigt. Für mich stellt sich hierbei eine weitere grundlegende Frage: Hat die Bewegung mit dem Pferd die gleichen Erfolge? Körperliche Aktivität fördert den Kontakt zu anderen Menschen, was für depressiv erkrankte Menschen wichtig ist, da sie sich durch ihre Erkrankungen oft zurück ziehen. Könnte es also sein, dass dies ein Grund für die Besserung der Symptome ist? Wieder soziale Kontakte zu anderen Menschen zu knüpfen, sich in einer Gruppe zurechtzufinden stellt für depressiv erkrankte Menschen schon ein riesiger Schritt dar. Könnten alleine durch dieses Erfolgserlebnis die vorher auftretenden Symptome eventuell allmählich abgebaut worden sein? Man fühlt sich wieder lebendig. Es scheint klar zu sein, dass es bei körperlicher Aktivität zur Ausschüttung bestimmter Glückshormone kommt, welche zur Aufhellung der Stimmung beitragen. Zu dem kommt noch dazu, dass es nicht einfach ist depressive Klienten zu körperlicher Aktivität zu motivieren, da wie im theoretische Grundlagenteil schon beschrieben ein Antriebsverlust bei depressiven Klienten vorliegt. Und vor allem ist es sehr schwer, sie so zu motivieren, dass sie weiterhin körperlich aktiv bleiben. Denn nur durch weiteres regelmäßiges Bewegen, ist meiner Meinung nach ein Rückfall zu vermeiden. Ich denke es ist wichtig neben der Bewegungs-therapie die heilpädagogisch bedürftigen Menschen durch Gespräche zu unterstützen. Ebenfalls tragen erworbene Erfolgserlebnisse mit Sicherheit zur Stimmungsaufhellung bei. Vor allem geht es hier um eigens erworbene Erfolgserlebnisse. Das heißt, der Klient hat den Erfolg selbst erbracht. Ein pädagogisches Konzept von sozialen Ressourcen und Bewegung. Der Mensch erhält in der Bewegung mit dem Pferd Anreize die ihn und seine individuellen Fähigkeiten ansprechen. Natürlich gab jede Studie einen ausführlichen Bericht darüber, in welcher Art und wie oft die körperliche Aktivität stattfand, jedoch wurde nicht erwähnt, ob dies auch Leitlinien wären, an denen man sich orientieren sollte.

6. Bewegung und heilpädagogisches Reiten

Das Pferd hat den Menschen die ganze Kulturgeschichte hindurch begleitet und über den eigentlichen Nutzen als Transportmittel, Kriegswaffe oder Arbeitshelfer in der Landwirtschaft hinaus haben Mensch und Pferd immer auch eine besondere Beziehung zueinander entwickelt. Beim therapeutischen Reiten wird dieses besondere Verhältnis genutzt. Bei Therapiezielen werden mittlerweile Erfolge erzielt, die auch wissenschaftlich belegt sind: zum Beispiel seelische und körperliche Beschwerden lindern, vorbeugen, harmonisieren, neue Lebensfreude empfinden, die Persönlichkeit entwickeln, Vertrauen in sich und andere stärken.

Das Therapeutische Reiten untergliedert sich in drei Teilbereiche: die Hippotherapie, das Heilpädagogische Reiten und Voltigieren sowie den Behindertensport.

Hippotherapie ist eine Form der Krankengymnastik auf neurophysiologischer
Basis. Das Therapiepferd wird als Medium verwendet, um Bewegungsimpulse
auf das Becken des Menschen zu übertragen. Dabei sitzt der Patient in der
Gangart Schritt auf dem Pferderücken(http://de.wikipedia.org/wiki/Hippotherapie).
In der Hippotherapie wird das Pferd als Helfer mit Erfolg eingesetzt, der mit
einem „toten" Trainingsgegenstand nicht erzielt werden kann. Ärzte und
Therapeuten nutzen die ausgleichende Wirkung des „Rhythmisch Bewegt-
Werdens" beim Reiten und setzen diese bei diversen Krankheitsbildern und
Beschwerden ein. Diese Therapieform eignet sich für Kinder und Erwachsene
gleichermaßen.
Das Heilpädagogische Reiten und Voltigieren, das vornehmlich in der Pädagogik,
der Psychologie und Bereichen der Psychiatrie Anwendung findet. So kann hier
das Pferd nicht nur bei körperlichen Krankheiten, sondern auch bei seelischen
Beeinträchtigungen in der Therapie eingesetzt werden. Die Entwicklung bei
körperlich und geistig behinderten Kindern kann gefördert werden, soziale
Entwicklung und psychische Erkrankungen lassen sich günstig beeinflussen.
Hierfür ausgebildete Pädagogen und Heilpädagogen mit reiterlicher Ausbildung
können mit Hilfe des Pferdes sehr erfolgreich arbeiten. Das macht das Pferd zu
einem oft unentbehrlichen Helfer.
Im Behindertensport schließlich, dem dritten Segment des Therapeutischen
Reitens, können die Pferde dem Behinderten beim Reiten oder Fahren wieder
neue, ungehinderte „Bewegungsfreiheit" verschaffen. Menschen mit einem
Handicap können mit Hilfe des Pferdes an sportlichen Übungen und auch
Wettkämpfen teilnehmen. Für fehlende oder nicht gebrauchsfähige Gliedmaßen
gibt es verschiedene Hilfsmittel, die das korrekte Einwirken des Reiters auf das
Pferd gestatten. Damit ist es möglich, dass diesen Sport Behinderte und nicht
Behinderte gemeinsam ausüben können, was sonst eher selten der Fall ist. So
ist das Reiten auch bei den Paralympischen Spielen und den Spezial Olympics
anerkannt und eingesetzt. Viele deutsche Reiter nutzten die dazu in den
vergangenen Jahren entwickelten Hilfsmittel und haben damit auch mehrere
olympische Medaillen gewonnen.

Eine Gruppe des J.B. Hauses geht regelmäßig zu sportlich orientierten Angeboten nach T. Das Angebot wird durchgeführt von einer Reitlehrerin mit Zusatzausbildung Sport für Behinderte.

Ich möchte das Pferd in der heilpädagogischen Förderung der Bewegung der von mir zu betreuenden Menschen einsetzen. Ich möchte nicht mit den Betreuten Reiten oder Voltigieren, wie in den meisten mir bekannten Arbeiten beschrieben, sondern das Pferd als Motivationsinstrument für Bewegung einsetzen. Das Leben ist für mich Bewegung und mit dem Pferd ergibt sich die Möglichkeit den Menschen zu bewegen. Pferde geben uns die Möglichkeit Körper, Geist und Seele zu bewegen, dies habe ich in den letzten Jahren im Umgang mit meinen Pferden, Kindern und Betreuten erfahren. Schon der Umgang mit dem Pferd hat meiner Meinung nach therapeutische Wirkung, da das Pferd Kontakt zum Menschen sucht und so den ersten Schritt auf den Menschen zu geht. So bringt das Pferd eigenständig Impulse in den Prozess und gibt unmittelbar Rück-meldung.
Für einen sicheren Umgang mit dem Pferd habe ich einen Basispass Pferd (Grundausbildung) und einen Longierschein erworben. So plane ich mit O., P. und M. mit denen ich im Vorfeld des Beginns der Facharbeit noch nicht gearbeitet habe, möglichst einmal wöchentlich einen einstündigen Rundlauf in Begleitung meines Pferdes vom Ch.M. Haus durch den Streitwald. Diese Arbeit sehe ich zu diesem Zeitpunkt als Chance für diese drei Männer und als neues mögliches Angebot der Einrichtung. Ich erstelle ein Trainingskonzept.

7. Trainingskonzept

Angebot: Rundlauf in Begleitung des Pferdes vom Ch.M. Haus durch den
.   Streitwald

Dauer des Trainings: 15 Module zu je 2 Zeitstunden 1x wöchentlich

Zielgruppe: Depression erkrankte Menschen mit Assistenzbedarf des Ch.M. Hauses der WW. Gemeinschaften.

Ziel des Trainings: Besserung des Gesundheitszustandes

Verlaufsplanung: Trainingspartner Pferd mit dem Hänger abholen
                Begrüßung des Pferdes und der Teilnehmer in WW
                1 stündiger gemeinsamer Lauf durch den Streitwald
                Anschließende Reflektion in geselliger Runde

8. Ziele

Individuelle resourcenorientierte Förderung über das Medium Pferd:
Beeinflussung der Persönlichkeitsentwicklung im Bereich Motorik. Hinführen eines Menschen zur Bewegung mit dem Pferd als Katalisator zur dauerhaften Verbesserung der Erkrankung Depression.
Ganzheitliches Ansprechen des Körpers im Zusammensein mit dem Pferd: Fördern der Leistungsfähigkeit des Herz- Kreislauf- und Atemsystems, Stärkung der Muskelkraft, Kräftigung des Bewegungsapparates, Steigerung der Leistungsfähigkeit.
Motorische Verbesserung unkontrollierter Bewegungen:
Eigenbewegungen den Bewegungen des Pferdes anpassen, denn das Pferd hat einen harmonisch weichen Gang. Bessere Koordination von Bewegungsabläufen. Regulation des gestörten Gleichgewichts bezüglich Bewegung. Förderung des Körpergefühls.
Psychische Wirkung: innere Losgelassenheit – äußere Entspannung. Wiederbelebung sozialer Kontakte. Wiederaufnahme positiver Ausgleichsaktivitäten. Angst überwinden/ Erfolgserlebnisse.

9. Methodisch-didaktische Prinzipien

Ich möchte die Didaktik in meiner Arbeit mit Menschen mit Assistenzbedarf orientieren an den didaktischen Grundsätzen der Erwachsenenbildung. Bei der folgenden Darstellung lehne ich mich überwiegend an die Ausführungen von Theunissen.
Freiwilligkeit, Wahlmöglichkeit und Mitbestimmung:
Dies sind meiner Meinung nach drei grundlegende Prinzipien der Erwachsenenbildung. Allein persönliche Gründe können und dürfen ausschlaggebend sein für die Teilnahme an einem Angebot. Meine Aufgabe sehe ich darin die Menschen zur Teilnahme zu motivieren und herauszufinden ob Interesse besteht. Die Teilnehmer sollen sowohl bei der Angebots und Programmplanung als auch bei der Durchführung Möglichkeit der Mitbestimmung bekommen. Eigene Wünsche und Vorstellungen sollen mit einfließen und persönliche Ziele gesteckt werden. So werden Meinungsbilder erstellt, Themenvorschläge gesammelt und gewichtet und die Durchführung abgestimmt.
Subjektzentrierung und Individualisierung:
Die Bedürfnisse, Interessen , Vorerfahrungen und Entwicklungsmöglichkeiten des Einzelnen die der Selbstverwirklichung dienen sind somit der Ausgangspunkt. Um den einzelnen Personen gerecht zu werden ist eine individuell abgestimmte Methodik notwendig, die gemeinsame entwickelte Zielsetzung zu erreichen. Mir muss bewusst sein welche Aufgabe der einzelne selbständig und welche er nur mit meiner Hilfe lösen kann. Die Teilnehmer sollten weder unter noch überfordert werden. Bei diesem Teilnehmer orientierten Arbeiten geht es nicht um homogene Gruppen, denn dies würde dem integrativen Anliegen und dem Gedanken der Normalisierung widersprechen. Eine hohe methodisch – didaktische Kompetenz und geeignete Rahmenbedingungen erfordert die individualisierte Praxis.

Handlungsorientiertes Lernen:
Nach Theunissen ist es notwendig, dass Menschen mit Assistenzbedarf ihren Lebensraum möglichst handelnd erfassen, dadurch verstehen lernen und so Verfügung und Kontrolle über die eigenen Lebensumstände erlangen. Damit können sie verhindern ihrer Umwelt hilflos ausgeliefert zu sein und fremdgesteuert zu werden.

Prinzip des Wiederaufgreifens:
Es hat den Sinn, einen Kontakt, der einmal stattgefunden hat hier bei den meisten Klienten während der Schulzeit wieder aufzugreifen.

Ich arbeite nach Gesichtspunkten des Empowerment und der Selbstbestimmung.

10. Heilpädagogische Erfassung der Personen

Im folgenden möchte ich die Personen beschreiben, die sich zur Teilnahme an meinem Programm: „Heilpädagogische bewegungsorientierte Begleitung mit dem Pferd bei an Depression erkrankten Menschen mit Assistenzbedarf" entschieden haben. Auf medizinische Daten, psychologische Tests und Diagnosen lässt sich nur in wenigen Fällen in der Dokumentation der Einrichtung zurückgreifen. Ich stütze mich überwiegend auf eigene Beobachtungen und Rücksprache mit Teamkollegen.

O.:
In Bayreuth als ältestes zweier Kinder mit Hilfebedarf geboren besucht er bevor er vollstationär im Ch.M. lebt Tageseinrichtungen im Umfeld des zum gehobenen Mittelstand zählenden Elternhauses. Mit 36 Jahren zeigt O. Intelligenzminderung sowie kognitive Einschränkungen und damit verbundene Störungen im Bereich Kommunikation und Interaktionsfähigkeit. Er ist in guter physischer Verfassung. Weglauftendenz als Trotzreaktion und Beißen und Kratzen in Paniksituationen sind selten geworden. Wahrnehmungen und Veränderungen aus dem Umfeld (Gruppe/Werkstatt), insbesondere aus seinem engeren familiären Umkreis tangieren O. seelisch sehr und lassen ihn in über mehrere Tage andauerndes Grübeln und Sinnieren verfallen. Hier bedarf es besonderer Ansprache in Einzelgesprächen und der besonderen Einbindung in die soziale Gruppe, da individuelle Schutzfaktoren in ausreichender Form weiter erübt werden müssen, ebenso geeignete Copingstrategien. Hilfebitten artikuliert O. in Gedichten, schreibt mit riesigen Buchstaben einen übergroßen Zettel oder telefoniert mit einem Kugelschreiber. Ansonsten schweigt er zu seinen Problemen konsequent. Er beobachtet jedoch aufmerksam die Umgangsweisen und Reaktionen der Mitarbeiter. Wie als ob er mit Blicken um Hilfe bitten wollte, eine nonverbale Kommunikationstechnik. Frau muss hellhörig sein und gut beobachten, um seine mutistische Symptomatik zu erkennen und um zu erfahren was in O. vor geht. Man muss genau hinhören um Zusammenhänge des unmittelbaren Anlasses für sein Schweigen zu erkennen. Steigt man in sein Gespräch mit dem Kugelschreiber ein, kann ein klärendes persönliches

Gespräch entstehen. Den subjektiven Sinn des Schweigens und wie das Schweigen in das Familiensystem O.s eingebettet ist konnte ich bisher noch nicht ergründen. „Der Zuhörer „… soll zustimmen, schweigen, oder gar selbst, buchstäblich am eigenen Leibe, erleben, wie der Erzähler sich gefühlt hat" (*Buchholz* 2006, 295). Erst wenn durch Eigenwirksamkeit die Fremdheit des Gegenübers überwunden worden ist (*Katz-Bernstein* 2005, 31ff), wird ein eigeninitiativer affektiver Einbezug durch eine verbale Mitteilung möglich.Dadurch wird das Sprechen zu einem kommunikativen Akt, der voll auf eine Gegenseitigkeit ausgerichtet ist." (http://www.selektiver-mutismus.de/? Informationen:Fachartikel) Die Beziehung zwischen O. und mir ist in der kurzen Zeit die ich im Ch. Mo. Haus arbeite noch nicht so vertrauensvoll gestaltet, dass ich verstehen konnte, was O.s Weg zum Sprechen bisher verhinderte. Es konnten meinerseits keine klärende Elterngespräche geführt werden, da diese Kontakte die Gruppenleitung pflegt und die Eltern nicht persönlich im Haus waren, so dass sich ein persönliches Gespräch ergeben hätte. Ich erlebe dass O. bei positiv gestalteter Beziehung ein Stück herauszulocken ist aus seinem „Schneckenhaus". Es reizt mich seine Erlebniswelt noch besser zu ergründen und verstehen zu können um O. auch ein Lernangebot machen zu können mit Mitmenschen besser in Kommunikation zu kommen. O. wäre gerne der weltmännische, großzügige Mann den O. wahr-scheinlich in seinem Vater sieht. Seine Welt dreht sich um sich. Bedürfnisse anderer nimmt er in seltenen Situationen wahr. Er zeigt soziales Interesse bei der Suche nach einer Lebenspartnerin. Die kognitiven und affektiven Beschränkungen erschweren ihm die weitere soziale Teilhabe am Leben in der Gemeinschaft auch im Hinblick auf partner-schaftliche Beziehungen, die O. sich wünscht. Wie gerne käme er mit....ins Gespräch ohne meine unterstützende Interventionen wie beim letzten Konzert. Bei Gruppenausflügen zeigt sich O. selbstbewusst, steigt jedoch ohne Absprache von Terminen und Orten aus dem Bus und läuft los seine Zeit mit Einkaufen und Essen zu gestalten. Die dazu nötigen finanziellen Mitteln erhält O. vom Vater. Rückzugtendenzen und eigenbrötlerisches Verhalten zeigen sich als sozial-isatorische Manifestationen, die nur schwer zu durchbrechen sind. In der Gestaltung der sozialen Beziehungen und der Kommunikation ist er trotz seiner vorhandenen Intelligenz stark gehemmt. Auch sein mangelndes Durch-setzungsvermögen hindert ihn an der Teilhabe in sozialen Beziehungen. Er klagt unter seelischer Belastung über starke Kopfschmerzen, zeigt eine verminderte Fähigkeit zu denken oder sich zu konzentrieren und zeigt sich nicht entscheid-ungsfreudig. Probleme wie aggressive Grundstimmung, Bewegungsdrang, psychomotorische Unruhe sind zu beobachten. Hier ist als nächster Schwerpunkt der Umgang mit seiner dann plötzlich auftretenden Aggressivität zu erarbeiten. Eine beginnende Begleitung in eine von O. gewünschte selbständigere Wohn-form ist für nach den Sommerferien geplant.

M.:
M.ist 44 Jahre alt und in Baden Baden geboren. Dort wuchs er bei Pflegeeltern auf. Seit seinem 6. Lebensjahr lebt M. in vollstationärer Unterbringung. Er pflegt keinen Kontakt zu seinen Angehörigen/ Pflegeeltern und hat keinen Betreuer. M. leidet unter paranoid halluzinatorischen psychotischen Episoden mit Symptomen einer Schizophrenie nach frühkindlicher Hirnschädigung, Denkstörungen und Minderbegabung. M. IQ liegt bei 63. Er zeigt Wahnvorstellungen in Form von akustischen Halluzinationen. Er hört Stimmen. In Krisensituationen zeigt er Aggressionsneigungen gegenüber sich selbst und anderen, Weglauftendenzen und Suizidgefährdung. Weiter auffällig sind seine Angstzustände sowie seine

Ich-Erlebnisstörungen. So erlebt er sich manchmal als Polizist der die Gruppe bespitzelt. In solchen Phasen plötzlicher Wahnvorstellung ist M. zeitweise nicht WfB fähig. M. ist Linkshänder und Linksfüßer. Er leidet an einer Bajonett- fingerkonfiguration, eine unvollständige Ausrenkung eines Gelenkes der Fingergelenke mit Überstreckung im Mittel- u. Beugung im Endgelenk, meist als Folgeerscheinung bei Hirnstammläsionen. M. ist bei den meisten Alltags- tätigkeiten mit Ausnahme des Kaffeekochens sehr gemütlich, vorsichtig und bedächtig. Er zeigt Eigeninitiative wenn es um anrichten von Getränken und Speisen geht. Mit hoher Überzeugungskunst kann ich ihn zu Aktivitäten wie Kegeln, Schach spielen, Würfeln motivieren. Am liebsten lebt er auf Grund seiner Kontaktstörung sozial zurückgezogen und isoliert. Er sitzt gerne auf seiner Raucherbank vor dem Haus. Von hier aus kann er die Straße überblicken. Auf mich wirkt er dann wie ein kleiner Buddha. Am Leben teilhaben durch beobachten. Nur nicht aus der Ruhe bringen lassen. Besser beobachten als tun, dann macht man auch nichts falsch. Ich würde M. gerne etwas aktiver sehen. Auch wegen seiner ständig zunehmenden Leibesfülle. An Gruppen- veranstaltungen nimmt er bei besonderen Gelegenheiten z.B. Geburtstagen teil. Sein Selbstvertrauen ist gering. M. zeigt depressive Symptome wie Müdigkeit und Energieverlust an fast allen Tagen. Im Zusammenhang mit der medikamentösen Behandlung seiner seelischen Erkrankung hat er enorm an Körpergewicht zu gelegt. Sein Gewicht schwankt zwischen 117 und 125 kg bei einer Körpergröße von ca. 165 cm. Diese Fettleibigkeit ergibt sich aus seinen Essgewohnheiten (Süßigkeiten, Cola, zweites Frühstück in der Großküche). In der Pflege seines äußeren Erscheinungsbildes erfährt M. Assistenz in Form von Beratung. Rauchen als Sucht liegt bei ihm schon seit Jahren vor. So sorgt er immer für genügend Tabakvorrat, indem er Mitbewohner dafür zahlt ihm welchen mitzubringen. M. selbst geht nicht zum einkaufen. Er gibt Bestellungen bei seinen Mitbewohnern auf. Mindestens einmal im Jahr kommt es zu einer Art asthmatischen Anfall. In dieser Phase raucht er nicht und ist auch bemüht sein Gewicht zu reduzieren. Zur Zeit befindet er sich in der solchen Phase. Jedoch nach der Überwindung dieser "Atemnot" waren bisher immer alle Vorsätze trotz aller pädagogischen Bemühungen wieder dahin. M. zeigt sich wenig berührt. M. spielte Tischtennis. Aufgrund seiner Leibesfülle war er aber nicht mehr fit genug hier Befriedigung durch Leistung zu erhalten. Seinen übersteigerten Ehrgeiz zeigt er beim fast schon manischen Verhalten was zu einer weiteren seelischen Krise führen kann. Es bedarf einer engen und empathischen Begleitung, um ihn im Vorfeld bereits ansprechen zu können. Da seine kognitiven, affektiven und kommunikativen Fähigkeiten aufgrund seiner Minderbegabung und Sozialisationserfahrungen eingeschränkt ist, bedarf es eines vertrauensvollen Umganges seiner Person. Auf verbaler Ebene ist M. erreichbar, aber er versteht viele Dinge nicht und ist auf das Vertrauen zu seinen Bezugspersonen angewiesen. Er ist gefährdet auf "falsche" Freunde zu hören denn er ist sehr empfänglich für Empatie und zeigt grosse Zuwendungsbereitschaft. Im grossen und ganzen ist M. mit seinem Lebensort zufrieden, hat aber oft das Gefühl durch die Anforderungen der Gruppenrituale im Stress zu sein. Optimusmus und Lebensfreude müssen M. als zu vermittelnte Werte mit auf den Lebensweg gegeben werden. Werfe ich einen Blick auf M.s Biografie ist davon auszugehen dass es meiner Meinung nach nicht gelungen war sich aufs M.s Bedürfnisse und individuelle Disposition einzustellen und in einem sicherheitsstiftenden, verlässlichen Umfeld Stärken und Widerstandsfähigkeiten zu fördern. Es ist meiner Meinung nach von einer gestörten Mutter- Kind- Beziehung und weiterer gestörten Dialogen auszugehen, da M. früh in einer Pflegefamilie untergebracht wurde auf die bald eine vollstationäre Unterbringung im Heim folgte.

P.:
P. ist 36 Jahre alt und in Hannover als erstes Kind einer Arztfamilie geboren wo er mit seiner Familie seine Kindheit verbringt. Später zieht er um nach Berlin.Vor 19 Jahren kam er nach WW. Ursprünglich um eine Ausbildung zu machen. Er gehört laut Dokumentation der Einrichtung zu den Personen mit Weglauftendenzen und Fremd- und Eigenagressionen. Wutausbrüche, Sachbeschädigungen , Selbstverletzung mit Glasscherben und Bedrohung anderer mit einer Eisenstange finde ich dokumentiert.seine Zwangseinweisung ins psychiatrische Krankenhaus Weinsberg 2006 erfolgte aufgrund einer paranoiden Psychose, einer psychischen Störung, in deren Mittelpunkt Wahnbildungen, einer verzerrten Wahrnehmung der Umgebung in Richtung auf eine feindselige Haltung seiner Person gegenüber stehen. Realitätsverlust und in die Gegenwart gelegte Phantasien zur Vergangenheit sind durch entsprechende Medikamentengabe gut eingestellt. P. zeigt nächtliche Unruhe, ist nachts unterwegs in und ausserhalb des Hauses. Er braucht wenig Schlaf. P. ist eher ein Einzelgänger. Für ihn bedeutsame soziale Kontakte bestehen über das Gruppengeschehen hinaus nicht. Er spaziert mehrmals am Tag alleine in der näheren Umgebung des Hauses. Bewegungsstereotypen, Grimmasieren im Gesichtsbereich sowie ständige Kaubewegungen sind bei P. stets zu beobachten. Sie erinnern mich an einen Versuch mit Äffchen von Harry F. Harlow. Diese wurden von Stoffattrappen aufgezogen. Nahm man diese weg entwickelten sie unter anderem Bewegungsstereotypien. Ebenso zeigt P. einen schleppenden breitspurigen Gang und Ausgleichsbewegungen beim Gehen und bereits im Jugendalter diagnostizierte grob- und feinmotorische Störungen. Auch Garry Kraemer beschreibt in einem psychobiologischen Versuch der Bindung, dass die Ausschüttung des Hormons Noadrenalin durch Trennung beeinträchtigt wird und negative Begleiterscheinungen hervorrufen kann(Vgl:"Bindungstheorie in der Psychotherapie "Manfred Endres und Susanne Hauser, Ernst Reinhardt Verlag München Basel). Orthopädisch wird P.s pathologische Fußstellung (Knick-Senk-Spreitzfüsse und Sichelstellung der Füße) regelmäßig behandelt. Im Rahmen der Betreuungsarbeit wird das Tragen besonderer Schuheinlagen erübt. Um Grob- und Feinmotorik zu verbessern hatte P. Heileurythmie, welche auf seinen Wunsch abgesetzt wurde. Eine leichtere psychische Krise hatte P. im letzten Sommer. Vorwiegende Symptome dieser Krise waren Vereinzelung, verstärktes Rauchen und telefonieren (telefonieren statt rufen?), Rückzug um seinen Phantasien nachzugehen. Partnerschaftsfragen bewegten ihn. Sprunghafte Entscheidungen und fehlendes Realitätsbewusstsein lassen P. sich entweder mit der Vergangenheit oder mit der Zukunft beschäftigen. Ich denke dass er seine Behinderung wahrnimmt und sich vergleicht mit dem Bruder und seine Phantasie ihn in eine Welt der gewünschten Realitäten führen. P. hatte eine zweite schwerere psychische Krise nachdem seine Mutter verstorben war. Gefühle von Wertlosigkeit und unangemessene Schuldgefühle trübten das normal freundliche Wesen von P.. Er wurde unruhig, gedankenflüchtig, zeitweise aggressiv und konnte nachts nicht schlafen. Die bereits bei der ersten beschriebenen Krise aufgetretenen Symptome traten verstärkt auf (bis auf das Rauchen). Seine Frustrationstoleranz war extrem niedrig, bei der kleinsten Kritik, oder wenn er beim Essen mal nicht als erster etwas auf seinen Teller bekam, wurde er wütend und verließ den Raum. Er phantasierte (z.B. von einer selbständigen Zukunft im Familiengut seines Vaters), redete viel, oft ohne Zusammenhang. Er fiel durch lautstarke Äußerungen und teils unkontrollierte Bewegungen auf. Versagensängste, Selbstwertprobleme und die Furcht nicht geliebt zu werden hinterfragt P. im Alltag permanent. P. hat wenig Vertrauen in die eigenen Ressourcen. Begrüßt man ihn reicht er lange die Hand mit einem festen Blick in

die Augen des Gegenüber. So als wollte er wirklich wahrgenommen werden oder um abzuspüren ob er wirklich gemocht wird.zu Beginn meiner Tätigkeit im Ch.M. Haus hatte ich etwas Angst vor P.s enormer Körpergröße und seinen von mir als riesig erlebten Händen. Auffällig bei P. ist auch, dass er zu keiner eigenen Freizeitgestaltung in der Lage ist. Er hat keine besonderen Interessen oder Hobbys und ist somit auf Gruppenaktivitäten angewiesen, welche er auch gern in Anspruch nimmt. Kommt man mit P. Ins Gespräch geht es meist um seine Ausbildung in WW, die auch etwas wert ist, seinen Bruder der studiert und seinen Vater der ihn bald besucht oder zu dem er bald fahren wird. P. will es recht machen. So zählt er auf was er gerade erledigt hat um ein Lob zu bekommen. Wie gerne ist er jemand wichtiges und so schenke ich ihm wann immer es mir möglich ist meine ungeteilte Aufmerksamkeit und Zeit ohne dass er sie einfordert. Für mich ist P. ein Jäger: immer auf der Jagd nach Anerkennung, nach Familie, nach zu Hause,...Und wieder muss er diesen Sommer in die Feriengruppe wo er doch so gerne mit seinem Vater die Ferien verbracht hätte. Aber vielleicht besucht ihn sein Bruder wenn er sich vom Studium frei machen kann.

Wie wirkt sich körperliche Aktivität in der Begleitung durch das Pferd auf jeden einzelnen Menschen dieser Gruppe aus?

11. Beschreibung des Prozessverlaufes

Motivationsphase:
Die Menschen des Chr. M. Hauses in WW, unter ihnen die Menschen, die sich für mein Programm mit dem Pferd: Rundlauf durch den Streitwald interessieren, wissen durch Erzählungen und kurze Begegnungen um mein Arbeiten mit Pferden und Hunden. Manchmal kamen auch schon meine Kinder mit den Pferden in WW vorbeigeritten, machten kurz Pause und ritten dann nach einem kühlen Getränk wieder weiter. So fand der ein oder andere Betreute schon ab und an Gelegenheit die Pferde aus der Ferne zu bewundern oder gar aus der Nähe zu streicheln oder am Strick festzuhalten, wenn zum Beispiel der Reiter zur Toilette musste. Während meiner Gruppendienste komme ich immer wieder mit den Betreuten ins Gespräch über mein Arbeiten, meine Erlebnisse, meine Erfahrungen der letzten Tage im Umgang mit den Pferden, Hunden und Katzen. Kleine nette Geschichten werden erzählt. So fühlen sich einige Betreute angesprochen auch von ihren Erfahrungen mit Pferden aus ihrer Vergangenheit, Kindheit und Jugend zu berichten.
Mein Arbeitskollege findet zu diesen Gesprächsrunden weniger Zugang. Er mag keine Pferde und findet Pferdebesitzer „Großkopfede und versnoppt". Trotzdem unterstützt er mich in meinem Tun, indem er in unseren gemeinsamen Diensten die Alltagsbewältigungen der Gruppe übernimmt und ich während meiner Dienstzeit dann Zeit habe mein Projekt in die Tat zu bringen.
Manchmal schaffen wir es alle gemeinsam eine kurze Zeit in Erzählrunde am Tisch zu sitzen.Das sind für mich und die Betreuten schöne Erlebnisse. O. ist meist der erste der diese Runden wieder verlässt. Oder er steht mit seinem Kugelschreiber in der Nähe. Umgehensweisen mit Pferden, Hunden und Katzen werden erörtert. Auch die Erinnerungen von O. werden aufgegriffen.
P. ist ein geduldiger Zuhörer und manchmal sprudelt es dann wie mit einem Schwall aus ihm heraus. Gerne berichtet er über Wegbeschreibungen. Z.B. wie

er zum Reitstall seiner Kindheit hin kam und welche Verkehrsmittel er benutzt hat. P. ist stolz in Berlin alleine U-Bahn fahren zu können und berichtet gerne von diesen Situationen, die er damals noch mit der Mutter trainiert hat.
M.packt an einem Abend sein altes Fotoalbum aus. Auf einigen Bildern ist er zu sehen wie er ein Pferd führt während ein Kind auf dessen Rücken sitzt. Auf einem anderen Bild sitzt M. auf dem Rücken des Pferdes. Er erzählt die Geschichte wie er mit dem Pferd den hohen Berg hinauf geritten ist und es ihm keiner zugetraut hatte. Er lacht und freut sich heute auch wieder über seine gelungene Tat damals und erzählt wieder. Ich bin an diesem Abend zum Schluss noch alleiniger Zuhörer. Geduldig erklärt er wer die uns fremden Personen auf den Bildern sind. Alle erkennen ihn. Da war er noch schlank und 20 Jahre jünger.

Reflexion:Ich kann über Beziehungsarbeit und Gespräche, Anerkennung der alten Erfahrungen und Lob die ersten motivierenden Schritte einleiten für die Bewegungsarbeit mit dem Pferd.
Zum Beispiel:
- Das waren wirklich schöne Erlebnisse mit dem Pferd für dich.
- Da hattest du lustige Tage in dem Sommercamp bei den Pferden.
- Du kennst viele nette Menschen, die auch Pferde haben.
- Viel Arbeit die da getan werden musste im Umgang mit den Pferden.
- Hast du jeden Tag Stall gemistet?

Auch andere Betreute finden Gefallen an diesen Gesprächsrunden und gesellen sich dazu. O. kramt ein altes Videoband aus seinem Schrank. Gemeinsam schauen wir es an. Bis das Videogerät am Fernsehen angeschlossen ist, der Film läuft, das verlangt Geduld. Doch dann sitzen alle auf irgend einem Stuhl oder Sessel und haben es geschafft da zu sein. Da ist O. als Kind in einer Ferienmaßnahme zu sehen. Und kaum hat man ihn erkannt gehen einige auch schon wieder. Nur M. schafft es mit mir gemeinsam das Video bis zum Ende zu schauen.

An einem Samstagsdienst bringe ich unabgesprochen meine Hunde mit zur Arbeit. Ich habe die Bewusstheit dass P. Angst vor Hunden hat. Ein kleiner Cavalier King Charles Spaniel/Schmusehund und ein Schäferhund Mischling. Sehr kontaktfreudige liebe Tiere. Rex der Mischling will mit den Menschen Stöckchen werfen. Das ist sein Lieblingsspiel. Er kommt legt den Stock vor die Füße und schaut einen bittend mit schräg gelegtem Kopf an. Reagiert man nicht schubst er mit der Schnauze leicht ans Bein. P. begrüßt mich wie immer freudestrahlend mit Handschlag. Dann entdeckt er die Hunde und hält Abstand. Ich stelle sie ihm vor und dann stelle ich ihn ihnen vor.Langsam mir Zeit lassend mit Erklärungen. Und so ist schon eine gemeinsame Zeit mit den Tieren vergangen, während P. in einem netten Gespräch mit mir ist. Nach U. Dörner, einer Psychologin bei der ich mein erstes Praktikum machte, können Menschen nur ein Gefühl in einem Moment erleben. Und da P.im Gespräch mit mir ist tritt seine Angst vor Hunden in diesem Moment in den Hintergrund. P. berichtet von seiner Angst aus der Vergangenheit während Rex immer wieder an sein Bein schubst und das Stöckchen an anderen Positionen vor P. positioniert. Im Gespräch lasse ich mir genau beschreiben wie das für P. war, was er da erlebt hat in seiner Vergangenheit. Ich frage nach, interessiere mich, gebe positive Statements, mache Vorschläge für die Zukunft. Ich sage ihm dass ich seine Angst nun kenne, bedanke mich dass er mich so vertrauensvoll daran teilhaben lässt. Ich gebe mein Versprechen sorgsam darauf zu achten, dass P. gut versorgt

28

ist und es ihm gut geht trotz Anwesenheit der Hunde. P. lässt sich da er mir vertraut auf meine Angebote ein. Hätte er anders reagiert hätte ich die Hunde selbstverständlich weggetan. Ein feinfühliges Abwägen meinerseits. Eine emotionale Gradwanderung. Ein genaues Erspühren der Situation. Kreation Heilpädagogik. Er schaut sich die Hunde nochmals genau an. Dann meint er die sind genau so nett wie du. Ich ergreife die positive Situation und erkläre mit Freude, dass wir nun zum Einkaufen nach Cr. fahren können. Die Hunde sitzen im Kofferraum. P. auf der ersten Bank neben mir als Fahrer. Er ist achtsam. Ganz im Hier und Jetzt. In einem fröhlichen Gespräch erkläre ich, dass ich heute keinen Hundesitter habe und diese deshalb mit dabei sind. Sie sitzen im Kofferraum er vorne. Eine große Herausforderung. Unterwegs beim Rückweg halten wir auf dem Wanderparkplatz an. Die Hunde müssen gassi. O.läuft mit mir und den Hunden mit ein Stück Waldweg zum Bärlauch, den wir zum Kochen benötigen. M. und P. warten im Auto. Beim weggehen teile ich P. meinen Stolz darüber mit, dass er sich überwindet mit den Hunden in einem Bus zu fahren. Als wir wieder in den Bus einsteigen wollen entscheidet sich P. ganz spontan zu Fuß zurück nach WW zu laufen. Da war es genug für ihn mit den Hunden. Meine positive Kreation der Situation konnte die Zeit des Wartens im Bus nicht überbrücken. P. war wieder bei seiner Angst. 5km nach WW laufen. Er kennt den Weg. Ich verabschiede ihn. Wünsche schönes Laufen. Und er schafft es. Wir empfangen ihn mit Applaus in WW. In einem anschließenden Gespräch besprechen wir die positive Wirkung der Bewegung auf ihn. Er ist stolz und erzählt, dass er früher öfter diesen Weg zu Fuß zurückgelegt hätte. Früher hätte er auch Sport gemacht. Vielleicht würde er das nach den Sommerferien wieder tun. Basketball. Auch Fahrrad fahren würde er gerne. Aber wegen der Medizin nicht erlaubt. Dann geht P. zufrieden duschen. O. versorgt den Bärlauch. M. sitzt auf seiner Bank und raucht. In einem Gespräch berichtet er mir, dass er es toll findet dass P. den Weg geschafft hat.

Reflexion: Zunächst brachte ich meine Hunde mit. Damit wollte ich abspühren in wie weit sich die Betreuten auf neue Erfahrungen mit Tieren während des Alltags einlassen können. P. hat die Situation wie aus den obigen Beschreibungen hervorgeht gut gemeistert. O. hat die Situation mit mir und dem Hund zum Bärlauch zu laufen sichtlich genossen. Immer wieder warf er den Stock für den Hund und interpretierte dessen Reaktionen. So konnte ich gut mit O. ins Gespräch kommen über seine vergangene Hundeerfahrungen und seine Angst vom Hund in die Finger gebissen zu bekommen. Dabei sind wir beide ein gutes Stück schnellen Schrittes durch den Wald gelaufen.M.der ebenfalls im Bus sitzen geblieben war beschäftigte sich mit Naturbetrachtungen. Überzeugen mit mir und O. mit zu laufen konnte ich ihn leider nicht. So waren O. und P. und ich gut bewegt an diesem Tag.

In einem Frühdienst kündige ich an, dass ich irgendwann auch einmal mein Pferd mitbringen werde. M. reagiert indem er mich fragt ob ich denke, dass er sich aufs Pferd setzen werde. Das komme für ihn nicht in Frage. Ich spüre seine Angst. Und er beginnt zu erzählen von einem Erlebnis seiner Kindheit wo er einmal vom Pferd gefallen ist, an die Holzbande und welche Schmerzen das ihm verursacht hat.Ich gehe auf seine Gefühle ein und auch ich erzähle von einem solchen Erlebnis und beschreibe meine Gefühle und so können wir in ein tiefes Gespräch einsteigen. Er zeigt mir alle betroffenen Stellen seines Körpers und wir spüren den Gefühlen und Schmerzen, die er erlebt hatte noch einmal gemeinsam nach. In einem der letzten Sätze des Gespräches erwähne ich, dass das Pferd die Menschen auch erst einmal kennen lernen will bevor es sie auf seinen

Rücken setzen lässt. M.lächelt und ich erkenne, dass er nun bereit ist mein Pferd kennen zu lernen. Er bestimmt das Tempo und den Weg und ich richte mich ein. Die mentale Repräsentation des bevorstehenden Ereignisses ist eine andere geworden. Anstatt wie anfangs mit Angst und Ablehnung zu reagieren war nun seine Neugierde und eine gewisse Bereitschaft des Kennenlernens geweckt durch meinen sprachlichen Diskurs mich in M.s Lage hineinversetzt zu haben. Ein neuer Blick von Vergangenem, Gegenwärtigem und Zukunft. Die unreflektierte Angst und Unsicherheit M.s hat sich in Vorfreude auf die auf ihn zukommenden neuen Erfahrungen gewandelt. In dieser Situation war wieder einmal meine Feinfühligkeit und Einfühlungsvermögen gefragt. Ebenso meine Flexibilität mich einzulassen und mein Konzept und Ziel im Kopf zu haben und auch nicht aus den Augen zu verlieren.

Reflexion: Unabhängig von Witterung und anderen äußeren Einflüssen findet mein Konzept im Freien statt. Den Klienten wird hiermit die Möglichkeit gegeben, die Natur und Umwelt auf ganz besondere Art und Weise kennen zu lernen und zu genießen und somit einen gezielten, nötigen Abstand vom Alltag in der Wohnung, des Hauses oder des Arbeitsplatzes zu erlangen. Das weitet den Blick für die schönen Dinge des Lebens, lässt alltägliche Sorgen in den Hintergrund rücken, festigt den Bezug zu Tier und Natur, lockert, entspannt und trägt somit ganz erheblich zu einem glücklichen, gesunden Lebensempfinden bei. Für das Pferd ist die Bewegung in der freien Natur ein Spiel.
Mir bereitet es Schwierigkeit, die Betreuten überhaupt zur Mitarbeit zu gewinnen und ihr kooperatives Verhalten ausreichend lang zu gewährleisten, denn ich arbeite ja nur jedes zweite Wochenende von Freitag Abend bis Dienstag Abend so daß in dieser Zeit zwei Angebote durchgeführt werden müssten.Hier muss ich die Menschen der Gruppe gleichsam „energetisieren" bzw. ihnen stellvertretend motivierende, bewegende Ich-Funktionen zur Verfügung stellen. Diese „Katalysatorfunktion" ist solange erforderlich, bis günstigere Funktions- und Erlebensweisen der Menschen „in Gang gekommen" sind. Diese Aufgabe ist sehr anstrengend und ruft in mir mitunter vergleichbare Gefühle wie in den zu betreuenden Menschen hervor (projektive Identifikation). Die Einladung der Menschen sich zu bewegen, knüpft an basalere Fähigkeiten an als beispielsweise verbale. Daher ist die vom heilpädagogisch zu betreuenden Menschen zu nehmende Hürde im Falle der Bewegungsmöglichkeit sehr hoch. Depressionsforscher nehmen an, dass Teile des Zwischenhirns, die das Aktivierungssystem, die Stimmung, die Motivation und psychomotorische Funktionen bestimmen sich durch Stress und Frustration verändern und so psychomotorische Fehlregulationen und Verlust von Selbstkontrolle hervorrufen. (Vergl. Theunissen, Heilpädagogik online 01/05) Ich hoffe dass sobald die Betreuten erste angenehme Veränderungen spüren, die Wahrscheinlichkeit steigt, dass die Bewegungsangebote zunehmend aus eigener Motivation fortgeführt werden.Meine Geduld ist gefragt und ich muss sie schulen. Mein Tempo wäre ein schnelleres doch ich bin nicht der Takt sondern die Klienten. Das was geübt werden soll stammt aus dem Leben des Betreuten: in Bewegung kommen. Tempo und Ziel gibt er mir vor. Gehe ich so intensiv auf jeden Betreuten ein müsste mein Angebot eigentlich eine Einzelbetreuung sein. Ich merke dass ich darauf achten muss dass ich jedem der Menschen gerecht werde und jeder mit einem positiven Eindruck und dem Wunsch und der Vorfreude auf einen nächsten Termin aus der Einheit geht.

Mein nächstes Angebot an die Gruppe ist: für den Gruppenleiter verrottete Pferdeäpfel zum Düngen seiner Rosen zu holen.So kommen wir das erste mal wirklich mit den Pferden in Kontakt. Als wir mit dem Bus bei mir zu Hause im O. ankommen stehen die Pferde in der Scheune. Das soll eigentlich nicht sein . Irgendwer hat das Scheunentor offen gelassen.o. erklärt sich spontan nach schnellem Abschätzen der Situation bereit die Pferde aus der Scheune in den Stall zu führen. Er hat alle Hände voll zu tun sie vom Stroh wegzubekommen. Ich eile zur Hilfe. Gemeinsam bringen wir die Pferde in den Stall. M.steigt eigenmächtig über den Absperrzaun nachdem er sich versichert hatte, dass er nicht unter Strom steht und geht zu den Pferden. Er streichelt sie, gibt ihnen unter meiner Anleitung Futter und erzählt von seinem schon vorhandenen Wissen.Er wundert sich, dass meine Pferde Bananen fressen, was er noch nicht beobachtet hatte. Auf dem kleinen Reitplatz schaufeln wir mit vereinten Kräften den Pferdemist des Reitplatzes in große Kübel und fahren sie ins Ch. M. Haus. M. bekräftige ich in seinem kompetenten Umgang beim Pferd und biete ihm an der Pferdeführer unserer Samstagswanderungen mit dem Pferd zu sein. Er ist stolz. Aber ob er wandern will? In einer anschließenden Diskussion mit meinem Kollegen klären wir die Strecke. Ich bin zunächst für einen kurzen Weg. Die „Jungs" wollen eine etwas längere Strecke laufen und am Ende bei einem gemütlichen Biergarten einkehren. Von dort sollen wir dann abgeholt werden. Diese Verabredung gilt für meinen nächsten Samstagsdienst.

Reflexion: Neuerungen, Veränderungen eröffnen sich dort, wo Menschen kontrastive Lebenserfahrungen machen können, die ihnen das Gefühl der Selbstwirksamkeit zurück geben. Denn: Nur dort, wo Menschen lernen behutsam, Schritt für Schritt, nicht ängstigend, wichtige Entscheidungen im eigenen Leben selbst zu treffen, nur dort, wo sie in diesen Entscheidungen unterstützt und sichernd begleitet werden, entstehen Handlungsbereitschaft, Aktivität, Hoffnung auf positive Lebensveränderungen. Einen „ersten Hoffnungsfunken" zünden, Mut machen und Kraft vermitteln für einen ersten Schritt „sicher können Sie einen ersten Schritt in eine neue Richtung gehen", „kleine" Ziele der Lebensverbesserung gemeinsam definieren.
Nur P. hat bei seiner dauerfaft depressiven Stimmungslage sich bisher noch nicht ausreichend motivieren lassen. Er weicht auf alte Verhaltensmuster aus, geht ums Haus spazieren, ...Für ihn ist es wahrscheinlich notwendig „stellvertretende Entscheidungen" zu treffen, die ihn in eine Situation des Neuen und der Veränderung stellen und meinerseits Entscheidungssituationen „in kleiner und verträglicher Dosis" zu inszenieren. Ich nehme mir vor mit der Fröhlichkeit meiner Person besonders intensiv auf P. einzugehen.Der Aufbau einer besonderen Beziehung motiviert auch ihn hoffentlich noch besser. Fröhliche Kommunikation, gute Beziehung um dann in Bewegung zu kommen und dadurch aus seiner Depression kommen.

Zur nächsten Sequenz kommt es folgendermaßen: In einem Freitagabenddienst wird uns mitgeteilt,dass wir in meinem Dienst am Wochenende keinen Bus zur Verfügung haben.Wir besprechen die Wochenendgestaltung und ich wende ein, dass wir zu Fuß unterwegs sein müssen. Zuerst hagelt es Beschwerden. Ich erinnere an unsere Pläne mit dem Pferd und M. steigt auf mein Thema ein. Er schlägt vor mit dem Pferd nach H. zu laufen, einen Kaffee zu trinken und dann wieder zurück.Der andere Plan nach H.M. zu laufen sei ihm zu weit. Außerdem könne uns niemand abholen. Schönes Wetter soll auch sein. Eine muntere Diskussion beginnt bis die gesamte Planung des Nachmittags steht. 14:00 Uhr Pferd holen. Lauf nach H. Einkehr. Rücklauf. M. fragt in die Runde wer alles mit will.Und ich wundere mich . Alle außer P. auch unser Gastaufenthalt. M. ist begeistert. Ebenso wird eine Bewohnerin aus dem J.H. Eingeladen. Samstags pünktlich um 14:00 Uhr bei strömendem Regen holen P., M.,O. mit mir das Pferd mit dem Hänger ab. Vorm Ch. M. Haus laden wir aus. Alle Wartenden kommen bei nachlassendem Regen zum „ Sichten" und Begrüßen der „Mitbewegungs-freudigen" untereinander und des Pferdes.Ein fast zu quirliger Haufen für das Pferd.Ich fordere alle auf sich im Halbkreis vorm Pferd zu positionieren damit das Pferd alle sehen kann und stelle dann jeden Menschen dem Pferd vor.Dann versuche ich die Beweggründe des Hierseins zu ergründen.die vom Betreuten durch meine Vorgehensweisen angesprochenen Bedürfnisse greife ich auf und versuche sie in der Arbeit mit dem Pferd in dieser Stunde umzusetzen. So lasse ich O. z.B. später für eine kurze Zeit mit Longiergurt auf dem Pferd sitzen. Zum Schluss stelle ich eine Regel auf: Keiner geht hinter dem Pferd. Und dann geht es los. Wir laufen durch die Gärtnerei zum Streitwald, wo der Start unseres Laufes sein soll.Dort treffen wir A. mit ihren zwei kleinen Kindern. Alle erklären stolz und voller Freude was wir hier mit dem Pferd machen. Die Kinder dürfen das Pferd streicheln.Die Strecke wird nochmals besprochen. Die Entscheidung einzukehren wird verworfen.Es wird beschlossen anschließend im Haus einen Kaffee zu kochen. Besser wegen der nassen Kleidung.Und dann geht es los. O. hat einen so schnellen Schritt dass er nach kurzer Zeit außer Sicht weit voraus ist. M. läuft bei den kurzen Verschnaufpausen die wir machen kontinuierlich weiter.So ein Pferd hat einen schnellen Schritt. Dies sichert ihm den Anschluss an die Gruppe nicht zu verlieren.Eine Stunde dauert unsere Runde bei gutem Pferdeschritt.Dann wird das Pferd im Hänger von mir und P. zurück in den Stall gebracht. Als ich zur Gruppe komme hat M. eine Personenwaage organisiert. Er will dass die Kerngruppe inclusive mir sich wiegt. Welch eine Idee. So erstellen wir also eine Gewichtsliste. Erfahrungen während des Laufes werden ausgetauscht. Wir sitzen noch lange im Gespräch zusammen bis einige zum Duschen vorm Abendessen starten.

Reflexion: Obwohl meist eh nur wenige etwas unternehmen am Wochenende gibt der fahrbereite Bus vor der Tür Sicherheit und ist allen wichtig. Ich erinnere mich an mein Fluchtverhalten bei Stress. Ich fahre ein Wohnmobil. Auch muss ich sehr wachsam sein was die Planung des Projektes betrifft. Ich muss sie stets im Kopf haben(Lauf durch den Streitwald mit dem Pferd) um sie zum richtigen Zeitpunkt einbringen zu können. So haben die Betreuten das Gefühl der Eigenkreation.Sie bringen ihr Projekt in die Tat. Geplant ist das Programm für O., M. und P. Bei diesem ersten Lauf werden es mehrere Personen sein. Ich lasse mich darauf ein und spüre die Herausforderung mit so vielen Menschen und einem Pferd.M. ist eine gute Hilfe.Er schlüpft in die Rolle des Kompetenten, denn er kann auf viele verschüttete Resourcen zurückgreifen, was ihm Lob und Bewunderung einbringt und ihm sichtlich gut tut. Aufbau von Vertrauen, das meines Erachtens eine wichtige Voraussetzung ist, wenn man mit dem Körper, dem Leibempfinden arbeiten möchte. Eine gute Reflektion und Vorausblick geben die anschließenden Gespräche. D.h. in dieser Sequenz bereitete ich durch verschiedene Übungen (Vorstellungsrunde, Kaffee, Gespräche,...) die Teilnehmer auf die Arbeitsweise vor, und es wird auf die notwendige, geschützte, vertrauenerweckende Atmosphäre sowie den tragfähigen Boden für die Gruppe hingearbeitet und die nächste Einheit geplant.P. bekundet sein Interesse in den ersten Momenten sehr zurückhaltend. Dann hat er es aber immer wieder geschafft aktiv mit einzusteigen.

Wiederholungslauf mit   den Personen die tatsächlich für mein Angebot vorgesehen waren:
Schon vor dem Durchführen meiner 5. Einheit wird mir bewusst, dass alles sehr schleppend vorangeht.mein ein mal wöchentlich geplantes Angebot Bewegung in der freien Natur, Laufen gegen Depression hängt oft in der Warteschleife.Oft bin ich allein im Dienst, so dass ich für die Alltagsbewältigung der Gruppe zuständig bin und ein zusätzliches Angebot nicht gemacht werden kann. Eine bessere Absprache mit dem Dienstplan verantwortlichen Gruppenleiter wäre im Vorab meinerseits sinnvoll gewesen. Der vorgegebene Tagesrhythmus der Gruppe, der Betreuten, der Dienst nach Vorschrift gibt wenig Zeit wenn man alleine ist, um auf die Bedürfnisse der Betreuten eingehen zu können.Ich kann als alleinerziehende Mutter auch nicht jede Woche meine Privatzeit mit einplanen. Von Bekanntgabe meines Facharbeitsthemas bis Abgabe meiner Facharbeit sind nur 15 Wochen.Diese Rahmenbedingungen machen mir etwas Stress. Ich befürchte keine konkreten Aussagen treffen zu können über Bewegung mit dem Pferd und dem Zusammenhang der Verbesserung des depressiven Zustands der heilpädagogisch bedürftigen Menschen. Vielleicht wären eine andere Zeitplanung, Absprachen wegen Doppelbesetzung meiner Dienste während dieser 15 Wochen mit der Gruppenleitung und Kollegen und Verwaltung für eine intensiveren, reibungsloseren Ablauf wichtig gewesen. Ich muss meinen Anspruch an mein Projekt in dieser kurzen Zeit verringern. Ich will das Projekt weiter laufen lassen bis über die Sommerferien hinaus. Allerdings kostet mich das dann wahrscheinlich wieder einige Energie der Motivation der Menschen mit heilpädagogischem Förderbedarf. Absprachen mit Gruppenleitung und Team sind diesbezüglich zu treffen.
Auch hat mich ein Vorstandsmitglied auf die versicherungsrechtliche Situation angesprochen, wenn ich mein Pferd mit zum Dienst bringe. So muss ich auch dies erst nochmal in der Verwaltung abklären und mir schriftlich bestätigen lassen, dass versicherungsrechtlich die Betreuten während meines Projektes mit dem Pferd über die Einrichtung versichert sind. Meine Versicherung bestätigt mir schriftlich, dass die Pferde über meine Tierhalterhaftpflicht versichert sind, auch wenn ich sie dienstlich einsetze. Jeder Schaden am dritten ist versichert.
So vergehen 2 Wochen. 2 Wochen Stillstand. Keine Bewegung.Schade. Das bedeutet: neue Motivation der Betreuten. Ein Ringen um Bewegung.Ich hatte es mir einfacher vorgestellt. Bewegung als Grundlage des Körpererlebens, Gehen, Laufen. Der menschliche Körper ist dazu gebaut dass er sich bewegt. Wenn sich Menschen über längere Zeit zu wenig bewegen sind vielerlei Beschwerden die Folge.
Immer wieder kommt mir auch der Gedanke, ob es wirklich das richtige Angebot für diese Menschen ist. Ich sehe dass die Menschen des Ch. M. Hauses in Bewegung kommen sollen.Warum biete ich aber gerade dieses Angebot an? Es sind meine Beobachtungen, meine Intuitionen, meine Fragen. Wenn ich es allerdings geschafft habe meine Energie auf die Betreuten zu übertragen, sie zu motivieren, haben wir gemeinsam tolle Bewegungserlebnisse, schöne klärende Gespräche und den Rest des Tages eine bessere Stimmung auf der Gruppe. Ich bespreche   meine Zweifel mit einer Psychologin mit dem Ergebnis, dass ich mich mit meinen Ideen und Planungen den Betreuten zumuten darf. Nur nicht unterkriegen lassen. Bewegung, Schwitzen, Atemnot, das anschließende Gefühl von Erschöpfung und Ermüdung, das entspannende Duschen und die dann entstandene Entspannung sind Erfahrungen die ein Gefühl für den eigenen Körper vermitteln. Auch kann die Belastung des Körpers durch wiederholtes Üben erhöht werden. Ich erwarte Veränderung im Alltag dieser Menschen und bringe sie durch mich ein. Ich denke auch, dass depressive Menschen

womöglich den „ roten Faden ihres Lebens" zu einer so frühen Zeit verloren haben, dass es schwer ist wieder selbst am verlorenen Ende anzuknüpfen und dass dann ein Angebote zur Gesundung wie meine Angebot „Heilpädagogische bewegungsorientierte Begleitung mit dem Pferd bei an Depression erkrankten Menschen mit Assistenzbedarf" zur Gesundung beitragen kann.

So laufen wir unsere schon bekannte Strecke. Abholen der Pferde im O. in Kbg. Mit dem Pferdeanhänger, Start M. Haus durch den Streitwald nach H. Diesmal scheint die Sonne.
Bei einer Befragung nach dieser Einheit teilt mir P. mit,dass er heute schlechter gelaunt war als alle und das Pferd. Und jetzt nach dem Lauf geht es ihm besser. Wir kommen ins Gespräch über die Bewegung, die dem Körper, dem Geist und der Seele gut tut und seine Arbeit in der Zimmerei, wo er auch an der frischen Luft und in Bewegung ist.

Heute wollen wir Tempovariationen ausprobieren. Schritt halten mit dem Pferd, mit den Mitmenschen. Ich bin Vermittler zwischen Pferd und den Menschen mit heilpädagogischem Hilfebedarf.Ein gemeinsames Tempo finden. Kurze und lange Schritte fördern die aufrechte Körperhaltung und die Gedanken im Hier und Jetzt. Und wieder muss das Projekt verschoben werden.In einer anthroposophisch orientierten Einrichtung ist jeder Tag durchgestaltet und rhythmisch gegliedert. Jeder verläuft nach einem einheitlichen Muster. Das schafft einen sicheren Rahmen, eine hüllenbildende Umfeldgestaltung, Sicherheit gebende räumliche und zeitliche Strukturen, die allerdings genügend Freiraum bieten sollten für Herausforderungen an denen Menschen wachsen und sich entwickeln können. Die Gruppenleitung unseres Hauses ist an einem reibungslosen Alltagsablauf interessiert. Ich empfinde: „totale Institution" (Goffmann). Durch übermäßige Beanspruchung und dem Wegfall von sozialen Ressourcen können Personen in eine psychische Krise geraten und depressive Störungen entwickeln. Ich erlebe wenig Zeit zur wirklich freien persönlichen Gestaltung des Tages. Wenig Personal zur wirklichen Begleitung. Ich habe im Moment im Hinblick auf meine Arbeitnehmerposition nicht die Kraft auch in diesem Punkt noch Gespräche zu führen.Mir kommen Erinnerungen an meine Kindheit hoch (praktisch, quadratisch, gut: Kanickelstall hatten wir Kinder immer gesagt) und diese müssen mit meiner Supervisorin besprochen werden. Um mich persönlich in anthroposophischer Heilpädagogik weiter zu schulen, besseren Einblick zu erhalten und verstehen zu können werde ich im nächsten Semester an der „Freien anthroposophischen Hochschule Mannheim" meinen Bachelorabschluss beginnen.

Habe ich den individuell zugeschnittenen Verlaufsplan der Menschen mit heilpädagogischem Assistenzbedarf noch im Blick?

Schritt und Halt üben. Klar und eindeutig anhalten.Der Mensch muss sich aufrichten wenn er will, dass das Pferd sich ihm anschließt.

Die Durchführung der weiteren geplanten Einheiten muss auf nach den Sommerferien verschoben werden, denn ab 30. Juli ist unsere Einrichtung für drei Wochen geschlossen.

Geplant sind von mir folgende Angebote:

- Vor dem Bewegen Energie tanken in Form von frisch gepressten Obst- und

Gemüsesäften.Wir üben mit allen Sinnen wahrnehmen während unseres Laufens: tasten, riechen,schmecken, überall hinsehen, Kontakt aufnehmen, gleichzeitig versuchen hin zu fühlen, was für Reaktionen die verschiedenen Wahrnehmungen in mir hervorrufen.

- Beim zurückgelegte Lauf die Distanz steigern.

- Selbständiges Führen im Gelände

- Praktische Übungen zur Sensibilisierung der Sinne: Takt, Gehör, Geruch,Augen zur Wahrnehmung des äußeren Raumes öffnen,wahrnehmen der Natur beim Laufen.

- Heute achten wir während des Laufes auf unsere innere Stimmung.

- Lockerungsübungen für Füße, Wade, Knie, Oberschenkel, Oberkörper, Arme, Hände, Schulter, Hals, Kopf, Gesicht spüren.

- Lauf
Beine massieren, Füße, Fußbad.

Diese „Heilpädagogische bewegungsorientierte Begleitung mit dem Pferd bei an Depression erkrankten Menschen mit Assistenzbedarf" läßt sich fortführen und gut in den Alltag der Betreuten integrieren.

12. Reflexion

Bei den Betreuten denen durch die Arbeit mit den Tieren eine besondere Förderung zuteil wurde, durch freudvolles Erleben,Lernen durch Erfahrung in einem dialogischen Miteinander in der tiergestützten Intervention, heilpädagogische bewegungsorientierte Begleitung mit dem Pferd konnte ich trotz der kurzen Zeit eine positive Veränderung im Alltag beobachten. Es ist mir gelungen die heilpädagogisch bedürftigen Menschen des Ch. M. Hauses während meiner Gruppendienste etwas mehr in Bewegung zu bringen.Allerdings kann ich noch nicht davon sprechen, dass diese Menschen auch selbst das Bedürfnis haben einen Lauf mit oder ohne Pferd durch den Streitwald zu machen.Generell ist jedoch mehr Bewegung in die Gruppe gekommen durch das hineintragen der Aspekte meiner Person. Dazu beitragen depressive Symptome der von mir zu betreuenden Menschen zu lindern kann in der Kürze der bisher verstrichenen Zeit noch nicht gesprochen werden. In den hier aufgeführten Recherchen und Praxisdokumentationen wurde meiner Meinung nach aber nachgewiesen, dass es den Klienten durch körperliche Aktivität mit dem Pferd, bewegungsorientiertes Lernen besser gehen kann. Wobei die Erhöhung an Aktivität sowie die Stärkung der Ich – Kompetenz als auch der Sozial– kompetenz wichtige Ziele darstellten und körperliche Aktivität für mich nachweislich eine stimmungsaufhellende Wirkung mit sich bringt. Ebenfalls stellt die körperliche Aktivität mit dem Pferd ein hilfreiches Mittel dar, um wieder soziale Kontakte zu knüpfen und den Stimmungsanstieg durch eigens erbrachte Erfolgserlebnisse hervorzurufen. Die Alltagsbegleitung von an Depression

35

erkrankten Menschen mit Assistenzbedarf sollte ein mehrperspektivisches subjektiv bedeutsames, sinnstiftendes Konzept mit beziehungsorientierter Vorgehensweise, die weder über noch unterfordern darf, beinhalten. Körperliche Aktivierung durch Morgengymnastik, Sport -und Fitnessangebote, Entspannungsangebote, Resourcenaktivierung und tiergestützte Interaktionen könnte ich als Bestandteil eines alltagsbegleitendes Konzeptes sehen. Die Ergebnisse zeigen, dass die dauerhafte Etablierung der körperlichen Aktivität mit dem Pferd eine positive Auswirkung auf Menschen, die an einer Depression leiden haben kann und auch eine Psychoedukation sein kann.es bleibt zu wünschen dass strukturellen Rahmenbedingungen der Einrichtung eine Integrierung von heilpädagogischer bewegungsorientierte Begleitung mit dem Pferd bei an Depression erkrankten Menschen mit Assistenzbedarf nicht im Wege stehen, sondern die Dringlichkeit bewusst wird und zum Handeln anregt. Für das Schreiben dieser Arbeit habe ich in den unterschiedlichsten Medien recherchiert, mit den unterschiedlichsten Menschen diskutiert, immer wieder genau hingeschaut, Argumente begeistert aufgegriffen um sie am nächsten Tag zu verwerfen. Ich hatte Supervision mit einer Psychologin. Es machte mir Spass mich in Theorien einzudenken und unter verschieden Methode die zu mir passende auszuwählen. Das Formulieren viel mir nicht immer einfach und nahm viel Zeit in Anspruch.

13. Beschreibung der Institution:

„Die soz.ther. Gem. WW bieten an 5 verschiedenen Teilorten begleitete Lebens- und Arbeitsgemeinschaften für Menschen mit vorwiegend sog. geistigen und seelischen Behinderungen (Jugendliche, junge Erwachsene, Erwachsene und Senioren) mit anerkannter WfbM und beruflicher Ausbildung. Ca. 420 Menschen mit Hilfebedarf arbeiten in 30 Werkstätten mit ca. 20 Gewerken und unter-schiedlichen Maßnahmen (WfbM inkl. BBB, Fachwerkerausbildungen, Sonder-berufsfachschule, Sonderberufsschule, Werkstufe G). Davon leben ca. 280 Menschen in 30 unterschiedlich strukturierten stationären Wohngruppen, in er-weiterten Wohnformen, Kurzzeitunterbringung, Trainingswohnen bis hin zum Ambulant Betreuten Wohnen und Betreuten Wohnen in der Familie. Die Ein-richtung liegt im landschaftlich sehr reizvollen Hohenlohe – Franken, dem Nordosten Baden-Württembergs, im Landkreis Schwäbisch Hall". (http://www.weckelweiler-gemeinschaften.de/stellen/stellenstart.htm)

14. Quellenangaben und Hilfsmittel

Verwendete Bücher:

Beck A.T. et al. (1992). Kognitive Therapie der Depression, Hrsg. Von Martin Hautzinger. 3. Überarbeitete Auflage. Weinheim: Psychologie – Verlags – Union

Comer, R. J. (1995). Klinische Psychologie, Hrsg. Gudrun Sartory und Josef Metsch, Deutsche Übersetzung. Übersetzt von Gabriele Herbst.

Gillett, Dr. Richard (1988). Depressionen, Ein Ratgeber aus ganzheitlicher Sicht. Ravensburg: Maier

Huber, G. (1990). Sport und Depression, Ein bewegungstherapeutisches Modell. Frankfurt am Main; Thun: Deutsch

Lehofer M., Stuppäck C. (2005). Depressionstherapien, Pharmakotherapie – Psychotherapie – Soziotherapie – Ergänzende Therapien. Georg Thieme Verlag KG.

Niklewski, G. , Rose Riecke - Niklewski (2003). Depressionen überwinden, Stiftung Warentest. 2. Auflage. Berlin

Nuber, U. (1993). Stichwort Depressionen. München: Wilhelm Heyne Verlag GmbH & Co. KG

Schüle, K. (2004). Grundlagen der Sporttherapie. Prävention, ambulante und stationäre Rehabilitation. Hrsg. Dr. Kaus Schüle, Dr. Gerhard Huber. 2.Auflage. München: Elsevier GmbH

Stange Karl- Heinz (1999) . Lebensfinsternis Depression: Ein Ratgeber. Roßdorf bei Darmstadt: Sachs.

Tölle, R. (2000). Depressionen, Erkennen und Behandeln. München: Beck

Zeitschriften:

Kubesch, S. (2004). Das bewegte Gehirn – an der Schnittstelle von Sport – und Neurowissenschaft. Zeitschrift Sportwissenschaft, 136 – 138. Heft 2

Internet:

Seligmans Modell der erlernten Hilflosigkeit,
http://www.neuro24.de/d7.htm, Zugriff am 02.06.10

Klassifikation depressiver Störungen nach ICD – 10,
http://www.aerztlichepraxis.de/rw_4_Fortbildung_Themen2007_Thema56_Depre
ssionenalter.htm, Zugriff am 03.06.10

Psychonews, Sport gegen Depression,
http://www.psychohelp.at/html4/psychologie_nachrichten/depression/sport_gegen
_depression.shtml, Zugriff am 29.06.10

Den Depressionen davonlaufen,
http://www.wissenschaft.de/wissenschaft/news/286039.html, Zugriff am 01.06.10

Glossar Informationen von A – Z, Medikamente, Noradrenalin,
http://medikamente.onmeda.de/glossar/N/Noradrenalin.html, Zugriff am 12.06.10

Glossar Informationen von A – Z, Medikamente, Serotonin,
http://medikamente.onmeda.de/glossar/S/Serotonin.html#glossar32,   Zugriff   am
12.06.10

Biologische Faktoren bei der Entstehung von Depressionen, Zur Erblichkeit von
Depressionen, http://www.neuro24.de/d8.htm, Zugriff am 19.06.10

Kopf und Seele, Depression, SSRI
http://www.medizinfo.de/kopfundseele/depression/ssri.shtml, Zugriff am 19.06.10

Depression und geistige Behinderung, Georg Theunissen
http://www.heilpaedagogik-online.com/2005/heilpaedagogik_online_0105.pdf,
Zugriff ab 1.6.10

PC – Software:

Depression (Medizin).Microsoft ® Encarta ® 2007. Microsoft Corporation, 2006